Introducción al

MARKETING

en Internet

Fabián Feld

Editado por MP Ediciones S.A., Moreno 2062, 1094 Buenos Aires, Argentina
Tel. 4954-1884, Fax 4954-1791

ISBN 987-526-016-9

╵dición impresa en octubre de 1999. Imprenta Rosgal S.A.
╵reno 2708, Tel 47-2507, Montevideo, Uruguay.

mencionadas en este libro son propiedad de sus respectivos dueños.

A mis padres (poder elegir es una de las cosas más importantes en la vida),
a mi esposa, Débora (soportarme no es poca cosa),
a mis hijos Germán y Manuel (cambiaron completamente mi vida),
a Ernesto Golomb (todavía me sigo preguntando cómo fue que confió en mí),
a Julio Lax (una buena sugerencia de amigo, siempre).

SOBRE EL AUTOR

A veces la vida puede transitar por senderos absolutamente inesperados, y tal vez éste sea el caso del autor de este libro.

Fabián Feld (nacido en el año 1961, de las últimas camadas que accedieron a la computación sin quejarse demasiado de la brecha generacional y enfrentando sin chistar el desafío de una herramienta radicalmente distinta) fue un buen usuario de PC desde su 286 (con la impresora de matriz de punto que actualmente se encuentra en perfecto estado de salud). La utilizaba para sus trabajos en la música y en la musicoterapia, pero en el año 1995, un stand de vaya uno a saber qué empresa y qué exposición, lo colocó frente a una singular experiencia que lo marcó a fuego, estableciendo un antes y un después de aquel día en que se encontró casi sin querer navegando por la Web.

A partir de ese trascendente momento, los hechos se sucedieron con gran velocidad. Al poco tiempo se desempeñaba como columnista de la revista *.com*; luego enseñando para Datamarkets Network Services (entre otros lugares), y finalmente escribiendo para PC Users, Cybernews, Planeta Web (Advance) y como teletutor en "Formar", Educación a distancia, en los cursos de Internet y Diseño de página Web (FrontPage 98). El resto... es simplemente una anécdota

SOBRE LA EDITORIAL

MP Ediciones S.A. es una editorial argentina especializada en temas de tecnología (Computación, IT, Telecomunicaciones).
Entre nuestros productos encontrará:
revistas, libros, fascículos, CD-ROMs, Sitios en Internet y Eventos.
Nuestras principales marcas son:
PC Users, PC Juegos, INSIDER, Aprendiendo PC y COMPUMAGAZINE.
Si desea más información,
puede contactarnos de las siguientes maneras:
Web: **www.mp.com.ar;**
e-mail: libros@mponline.com.ar;
Correo: Moreno 2062, (1094)
Capital Federal, Argentina.
Fax:(54-11) 4954-1791; Tel: (54-11) 4954-1884

Prólogo

La presencia de la empresa en Internet tiende a ser ineludible. No es que hoy alguien no exista por no estar; pero, aunque cueste imaginarlo, vamos hacia eso. Y si no creemos que las cosas serán tan drásticas, por lo menos aceptemos la idea de que se va a convertir en un suplicio hacer negocios y competir manteniéndonos al margen de la Red.

Entre quienes todavía no tienen alguna presencia en la Web están los que utilizan otras herramientas de esta Era Digital, como el correo electrónico, y los que aún no han tomado ningún contacto con este nuevo mundo. Para unos y otros, este libro será una idónea introducción. Un punto de partida para comprender en términos concretos las nuevas tecnologías que invaden el entorno empresarial y el de los consumidores.

Un importante ejecutivo local, con responsabilidades comerciales en una empresa de tecnología, me comentó hace muy poco una visión nacida de su perspectiva regional: nuestro país es muy afecto a incorporar innovaciones, mucho más que otros de Latinoamérica. En la medida en que entienda la transformación que viven los negocios y tome la decisión de avanzar en ese camino de cambio, podrá superar la crisis actual y diseñar un futuro próspero.

El país es cada una de sus empresas, cada una de sus personas, cada uno de sus negocios. Ojalá cada lector pueda aprovechar el material que se presenta en este libro para sumar su granito de arena. Que es una manera de asegurar su propio éxito.

Ernesto Golomb
Fundador de la revista .com
Especialista en Internet

CÓMO LEER ESTE LIBRO

A lo largo de las páginas de este libro, encontrará una serie de textos destacados con distintas viñetas que representan:

Ideas

Indica comentarios o alguna sugerencia que Ud. debe tener muy en cuenta.

Ejercicios

Se trata de un ejercicio o tarea que debe realizar. Hágala: posiblemente, más adelante encuentre que nos basamos en ella para seguir o desarrollar otro ejemplo.

Importante

Muy importante. No deje de tenerlo en cuenta.

Nota

Aclaratorio o complementario de una información más importante que seguramente está líneas arriba.

Paso a Paso

Secuencia de pasos que debe realizar para una tarea determinada: es del tipo "Vaya al menú tal y seleccione tal cosa".

Sumario

Capítulo 1. Crear un sitio en la Web

Capítulo 2. Alojamiento del sitio web

Capítulo 3. Servicios y marketing

Capítulo 4. Banners

Capítulo 5. Promocionar el sitio en la Web

Capítulo 6. Estadísticas

Capítulo 7. E-Commerce

Capítulo 8. Plug-ins

Capítulo 9. No delegue todo a su diseñador

Capítulo 10. ICQ

Capítulo 11. Apartado para diseñadores

Capítulo 12. En síntesis

Servicios al lector

Introducción

Luego de la explosión producida entre los años 1995/96, cuando Internet se hace presente en nuestro país, sin prisa pero sin pausa, las empresas argentinas comienzan a hacerse presentes en la Red.

Si bien nadie puede formular con seguridad las claves del éxito de un sitio en la Web, y mucho menos afirmar los postulados seguros para que sea eficiente y rentable, algunas sugerencias que iremos revelando a lo largo de este libro, y el análisis de los errores ya cometidos, ayudarán a que nuestro futuro sitio tenga las más altas probabilidades de éxito.

A lo largo de este libro, no intentaremos enseñar a diseñar un sitio en la Web desde el punto de vista técnico, por lo que no lidiaremos con etiquetas o tags, "tecnicismos", ni programación alguna (¡confieso!: algo de esto tendremos también... ¡pero prometo que seré más que breve!); tampoco pretendemos agotar el ancho mundo del marketing y sus aplicaciones en Internet (complejos servicios que unen bases de datos y personalización de los mismos a disposición de los navegantes en la Web son también posibles), sino ayudarlo a reflexionar acerca de su próxima e inexorable "movida" que será la imagen de su empresa frente al mundo, a diferenciar lo importante de lo accesorio, establecer un plan de crecimiento para su sitio, corregir rumbos, reforzar aquellos que están resultando exitosos, comunicarse con la persona que está a cargo del sitio desde el punto de vista del lenguaje para optimizar los tiempos, así como también reducir los malos entendidos entre usted y el diseñador de página web (producto de la falta de dominio de la jerga propia de la Web).

Lo invitamos, entonces, a que recorramos juntos la aventura de abrir nuestra empresa (pequeña, mediana o grande) al mundo, con el objetivo de crecer en forma paulatina pero segura, sabiendo que el éxito no se producirá de manera mágica e inmediata, sino a través de un proceso que demandará tiempo, energía y autocrítica del trabajo.

Fabián Feld
ffeld@datamarkets.com.ar
ICQ UIN: 1922724
Http://capacita.hypermart.net

QUÉ ES INTERNET

Sin dudas, Internet se ha transformado en una revolución que imprime un gran cambio a la forma en que podemos obtener información, publicarla y comunicarnos. Para muchos, entre los cuales me incluyo, resulta difícil imaginarse la vida sin esta herramienta. Chequear correo electrónico al levantarse en la mañana y antes de ir a dormir resulta, hoy en día, una ineludible rutina.

En este momento, Internet puede ser considerada la mayor fuente de información de nuestro tiempo. Aquellos que se resisten a tan enorme cambio, dicen que la Red es un caos: *"Internet es una enorme biblioteca con todos sus libros desparramados por el suelo"*. Quienes manifiestan esto sólo están mostrando una cara de la moneda, sin mencionar que la Red misma se ha encargado de remediar este problema.

Pero antes de continuar, intentemos dilucidar qué es exactamente Internet.

En principio, intentemos comprender qué **NO** es Internet:

Internet **NO** es un software que podamos instalar de la misma forma en que lo hicimos con nuestro sistema operativo, procesador de textos o planilla de cálculo.

Internet **NO** es una enorme base de datos que se encuentra en algún fantástico edificio en alguna parte del mundo y a la cual todos los usuarios vamos a consultar para obtener la información deseada.

Internet, **ES** una enorme cantidad de computadoras conectadas entre sí; cuando mencionamos *"enorme cantidad"*, nos referimos a millones de computadoras que por distintos protocolos y cuestiones referidas a la tecnología logran establecer contacto entre sí.

Y la pregunta que sigue es casi obligada para el usuario final: *"¿Para qué me sirven un montón de computadoras conectadas entre sí?"*.

En principio, y a grandes rasgos, tres son las cosas que se pueden realizar a través de Internet:

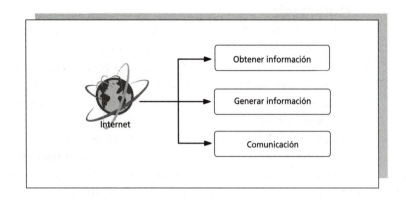

Herramientas

Desde el punto de vista de la operatividad, Internet es un conjunto de herramientas que permiten realizar las mencionadas actividades, de distintas maneras y obteniendo diferentes resultados, y así como el martillo, el destornillador, la pinza, etc., están diseñados claramente para un uso específico, a continuación describiremos brevemente las principales herramientas de la Red con su correspondiente utilidad.

W.W.W. (World Wide Web)

Podríamos decir que ésta es la bisagra en Internet; en términos temporales puede definirse un antes y un después de la Web. Antes de la creación de la Web, en el mejor de los casos, el usuario accedía a un documento de texto (texto puro como el producido por el más simple y elemental procesador de textos); luego, con el advenimiento de esta nueva herramienta, el documento al que el usuario final accede se transforma en uno con dos características fundamentales:

1. Multimedia

Decimos que el documento es multimedial porque la información allí contenida se manifiesta a través de diferentes medios de expresión. El documento deja de ser sólo texto (esta vez con la riqueza de los modernos procesadores, tipografías, colores, tamaños, alineación, etc.) para incorporar sonido, video, movimiento, animación, etcétera.

Antes de la Web, los contenidos publicados en la Red solían ser de interés para un cierto sector de la comunidad en el mundo. Podía encontrarse información científica, gubernamental, militar, mucha de la cual ha migrado a la Web. A partir de la creación de esta herramienta, las instituciones, fundaciones, empresas, particulares, el mundo en su conjunto, vuelcan su interés por Internet, produciéndose la gran explosión.

2. Hipertexto

A medida que vamos navegando con nuestro browser (programa que permite recorrer sitios en la Web) nos encontraremos con el hipertexto: palabras en color y subrayadas que -cuando colocamos el cursor de nuestro mouse por encima- lo harán cambiar de una flecha a una pequeña mano y que al cliquearlas nos enlazarán con otros documentos u otros sitios en la Red, sin importar dónde se encuentren.

En realidad, debiéramos hablar de hipermedio, ya que esta función de enlace puede ser producida tanto por palabras como por imágenes.

Este elemento ha producido una revolución en la forma de presentar la información, dándole al navegante la posibilidad de encontrar rápidamente los datos buscados, sin necesidad de consumir aquello que no precisa o no le resulta relevante.

CORREO ELECTRÓNICO

Tal vez la más antigua de las herramientas disponibles, nos permite tres actividades fundamentales:

- Enviar mensajes.
- Recibir mensajes.
- Adosar al mensaje cualquier cosa que esté alojada en nues-

tra computadora en términos de archivos. Esto quiere decir que podemos adosar a un mensaje una imagen, un sonido, una animación, un video, un texto hecho con cualquier procesador, una planilla de cálculo, etcétera.

IRC CHAT
Es la herramienta que nos permite establecer contacto en tiempo real con otro u otros usuarios de la Red, en modo texto, es decir a través de nuestro teclado.

VOICE CHAT o IRC VOICE
Es la herramienta que nos permite establecer contacto en tiempo real con otros usuarios de la Red, esta vez a través de la voz, utilizando la placa de sonido, el micrófono y los parlantes de la computadora.

Gopher, FTP, WAIS, Archie, Veronica, Jughead
Probablemente, usted no necesite utilizar estas herramientas con nombres tan extraños pero, al menos, sepa que se trata de diferentes formas de recuperar la información en modo texto. En cierta forma, éstas son las herramientas de la era pre Web (cuando hablamos de texto simple).

Breve historia
Si bien Internet tiene una historia relativamente corta, ésta se ha desarrollado a una increíble velocidad. A principios de la década del 70, el departamento de Defensa de los Estados Unidos impulsó un experimento que consistía en crear una red informática que pudiera seguir funcionando aun en caso de desastre (en aquel momento desastre era sinónimo de una guerra nuclear). Se buscaba, además, que si parte de la red era dañada o destruida, el resto del sistema siguiera funcionando. Esta red fue denominada ARPANET y, paralelamente, puso en contacto a investigadores científicos y académicos de los Estados Unidos, transformándose en el antecedente de lo que hoy conocemos como Internet.

En 1985, la fundación nacional de ciencia (NSF o National Science Foundation), creó la NSFNET, que consistía en una serie de redes informáticas dedicadas a la difusión de los nuevos descubrimientos y a la educación. Basada en los protocolos de comunicación de ARPANET, creó un esqueleto de Red o "backbone" nacional, que se ofrecía gratuitamente a cualquier institución americana de investigación o educación. Mientras tanto, en otras regiones del país, otras redes fueron apareciendo con el fin de enlazar el tráfico electrónico de instituciones individuales con el esqueleto de la Red nacional.

En síntesis

Internet sirve para: Internet es un conjunto de herramientas:

Obtener información	W.W.W.
Generar información	E-mail o Correo electrónico
Comunicarse	IRC Chat
	Voice Chat o IRC Voice, Gopher, FTP, WAIS,
	Archie, Veronica, Jughead

CREAR UN SITIO EN LA WEB

Antes de poner manos a la obra es importante comprender qué es técnicamente un sitio en la Web, para luego pensar la mejor forma de implementarlo.

Conocer los pilares sobre los que se sostiene un sitio nos dará más chances de obtener el éxito tan ansiado.

Observemos los ejemplos mencionados y después desarrollaremos el esquema básico del "site".

1

¿QUÉ ES UN SITIO EN LA WEB?

Algo que nos debe quedar claro es que, cuando navegamos a través de un sitio en la Web, estamos ingresando de manera remota a una computadora que se encuentra en alguna parte del mundo. En realidad no importa dónde se encuentre, ya que sólo estamos a un clic de mouse de distancia.

De esta manera, podríamos definir a un sitio en la Web como un conjunto de documentos o archivos cuya extensión es htm o html (*Hyper text Mark-up language* o lenguaje de marca de hipertexto), que tienen esta particularidad de enlazarse o relacionarse entre sí y que se encuentran alojados en una porción de disco rígido de alguna computadora, en alguna parte del mundo. Además, estos documentos son visualizables a través de un browser o navegador (generalmente Netscape Navigator o Internet Explorer de Microsoft, en sus diferentes versiones).

Supongamos el siguiente ejemplo:

Ud. encarga un sitio a una empresa o a un diseñador de páginas web. Luego de un tiempo y de algunos borradores, el sitio queda terminado. El producto resulta ser el conjunto de archivos al cual nos hemos referido previamente. La empresa que lo ha producido debe ahora transferir estos archivos a una máquina especializada, que generalmente se encuentra conectada a la Red las 24 horas del día. Estas máquinas se conocen habitualmente como *servers* o servidores, y las empresas que se dedican a dar estos servicios son conocidas por brindar lo que se denomina *"Web hosting"* o alojamiento de páginas web. Existen empresas con la doble función de dar conexión a usuarios y alojamiento de páginas, y otras que dan uno solo de estos servicios.

Es posible seguir escuchando por allí que "hay que estar en Internet". No se sabe muy bien para qué ni por qué, pero hay que estar. Piénselo detenidamente: usted está a punto de colocar su imagen en la vidriera del mundo, y los demás navegantes, potenciales consumidores del servicio/producto que ofrezca, tendrán acceso libre a ella. ¡¡¿¿Se da cuenta de lo que esto significa??!! Dependiendo de lo que se trate, miles de personas (¡ojalá millones!) tal vez visiten el sitio y esta impresión será la que determine la compra o la solicitud de aquello que estamos ofreciendo. Si la imagen es pobre, si la información es inconsistente o insuficiente, si sólo pueden obtener lo mismo que ofrecemos a diario por otros medios, pues entonces, ¿qué valiosa razón tendrán para visitarnos?

IMPORTANTE

Lo primero que debemos saber

La Web tiene sus propios códigos y éstos difieren en muchos aspectos de los propios de los medios tradicionales de comunicación:

- La Web no es su folletería on line, y éste es el error más frecuente: entregarle toda la papelería al diseñador y darle la orden de colocarla en línea.
- La Web no es la televisión donde todo tiene movimiento. Pensemos que cada vez que mostramos algo en movimiento estaremos refiriéndonos a un archivo generalmente más pesado que un texto o una imagen estática; por lo tanto, la demanda de tiempo para bajar esa información desde el servidor hasta la máquina del visitante será mucho mayor.

¡¿Y entonces?!

¡Calma! Hagámonos algunas preguntas referidas a la empresa:
¿Qué es lo que esencialmente estamos ofreciendo?
Este es un buen punto de partida y aunque parezca una obviedad, no lo es tanto.

Observemos el siguiente ejemplo:
Pensemos en qué es lo que vende la famosa cadena de *fast food* McDonald's.
"Hamburguesas, papas fritas, etc."
No nos apresuremos, pensemos detenidamente. ¿Estamos seguros de que es esto lo que vende? Entre nosotros, en general, la hamburguesa que usted o yo podemos cocinar en casa, al igual que las papas fritas, son mucho mejores que las de cualquier cadena de comida rápida.

Crear un sitio en la Web   **1**

La mayoría de estas cadenas de comidas venden una experiencia.

Mírelo desde mi punto de vista (que seguramente será el de muchos). Este es el único lugar donde no tengo que esperar a que llegue la comida (aunque a veces...), mis dos hijos pequeños juegan mientras yo puedo intercambiar una cantidad considerable de palabras con mi esposa sin ser interrumpido a cada instante. Todos nos vamos con algo, los chicos habiendo jugado y con un "chiche" en la mano, y yo con la sensación de haber pasado un momento agradable, donde el diálogo familiar fue posible, mientras mis hijos pudieron descargar sus inagotables energías en un lugar que yo percibo como seguro, limpio y confortable.

Volviendo a la Web: ¿qué es lo que los sitios de estas empresas deberían mostrar y desarrollar? ¿La extraordinaria calidad de sus hamburguesas y papas fritas? ¡NO!

Respuesta correcta: **"LA EXPERIENCIA"**

NOTA

Planificar una estrategia

El primer punto consiste en concentrarse en el producto/servicio que estamos a punto de ofrecer. Luego, concentrarnos en los contenidos de texto e imágenes que mejor lo describan, ya que disponemos de un espacio prácticamente ilimitado para explayarnos.

La Web no tiene los límites tan precisos que otros medios imponen. Un periódico o revista nos limitarán a una determinada cantidad de caracteres o páginas, la televisión y la radio a una cantidad de segundos o minutos ("el tiempo es tirano").

En cambio, la Web tiene disponibilidad para todo el texto que queramos publicar, todas las imágenes que queramos mostrar, pero ¡cuidado!, este es un medio ágil y pocos son los usuarios que leen cantidad de texto en línea. Por otra parte, grande es la tentación de colocar muchas imágenes que ilustren aquello que ofrecemos, pero recordemos que las imágenes contienen en sí mismas gran cantidad de información que debe ser trasmitida, con el consiguiente retraso en su visualización. Veremos cómo solucionar estos problemas más adelante.

¿Por qué tener un sitio en la Web?

La mayor parte de las personas que han publicado o estén por publicar un sitio en la Web (páginas personales o empresariales con algún objetivo comercial) cometen el error de pensar que por el solo hecho de tener "presencia" en la Red pueden tranquilamente sentarse a esperar a contar los billetes en un breve lapso de tiempo. Lamentablemente, hoy en día ésta sigue siendo una reflexión habitual. Es obvio que al poco tiempo llega la gran desilusión, porque esto es absolutamente falso. Un sitio web no produce dinero (mucho menos en un breve lapso de tiempo), sino que es una gran herramienta que a mediano y largo plazo nos ayudará a conseguirlo, siempre y cuando trabajemos enérgicamente para que esto suceda.

IMPORTANTE

La Web como herramienta de marketing

Una buena frase que he leído en las incontables newsletters que recibo es: "No venda con su sitio web, diga con su sitio web". (*"Don't sell with your web site, tell with your site"*). Un sitio web útil es una herramienta de marketing poderosísima, que ayuda a afianzar los lazos entre la empresa y el cliente.

De esta manera, todos los esfuerzos por publicitar el sitio en la Web (y que iremos analizando a lo largo del libro) serán estériles si el sitio no ofrece un contenido o servicio de utilidad para el cliente.

CONTENIDO, ESTÉTICA Y DINÁMICA DE NAVEGACIÓN
...LOS TRES PILARES FUNDAMENTALES DE UN SITIO

Contenido

En inglés se refiere a este tópico como *"content is the king"* algo así como que el contenido es el rey, o el contenido es el que manda.

De nada sirve diseñar el sitio web visualmente más atractivo si no se ofrece un contenido interesante o un servicio útil. En el mejor de los casos, el navegante lo visitará una vez, dirá *"Qué maravilloso y bello sitio"*, y nunca más volverá ya que no hay nada que le resulte útil desde el punto de vista práctico.

Muchos medios gráficos (revistas y publicaciones en papel real) tienen su correlato virtual en la Web, cuyo objetivo habitual es el de suscribir nuevos lectores o simplemente apoyarla desde Internet.

Lo importante es no sólo volcar contenidos ya publicados, sino ofrecer información adicional de acuerdo al perfil del lector y a las posibilidades diferentes que brinda la edición digital.

*La revista PC Users (**www.pcusers.com.ar**): correlato virtual de un medio gráfico.*

Los sitios destinados al entretenimiento suelen generar devoción entre los fanáticos.

Alrededor de Starwars, se genera una verdadera comunidad ávida de noticias, fotografías, merchandising y cuanta información ande dando vueltas.

www.starwars.com.... Fans de series, películas, personajes, artistas, etc, tienen incontables sitios en la Web y forman verdaderas comunidades.

Seleccionemos cuidadosamente los textos, separando lo importante de lo accesorio y sin generar documentos extensos; en todo caso, dividirlos en varios de menor tamaño que luego sean enlazados mediante los hipermedios o hipervínculos es una buena idea.

Recordemos que el fenómeno del link permite al visitante acceder a la información que sea de su interés, evitando la que no lo es. Esto significa "ir al grano" directamente, ahorro de tiempo, libertad de movimientos, respeto de la privacidad (valor muy preciado por el navegante).

Basta fijarse en los sitios más visitados en el mundo parar darse cuenta de la simpleza con la que están diseñados, y la solidez y claridad en la información o servicio ofrecidos.

Estética

Cuando mencionamos que el contenido es lo más importante de un sitio, no queremos significar que la estética no lo es. En realidad con esto queremos prevenir a quienes se vean tentados de basar el éxito del sitio en una estética descomunal. Muchos sitios han colocado maravillosas imágenes o elementos, incluso aquellos de última tecnología que permiten increíble movimiento e interactividad en el documento, en fin, un "dechado multimedial" sin lograr los éxitos que de antemano se auguraban. ¿Por qué?

Las respuestas son múltiples (como es habitual).

En primer término, lo que deberíamos preguntarnos es si el navegante que nos visita obtiene aquello que está buscando. No debe perderse de vista en ningún momento el objetivo del sitio. Tal vez en el mejor de los casos, dirán "*¡qué magnífico sitio!, ¡qué hermoso!*", y nunca más volverán por aquí.

NOTA

Es importante no confundir el significado de la expresión "Buen diseño"

Un sitio bien diseñado no significa que su gráfica sea descollante, o esté desarrollado con Frames, o lleno de interactividad, formularios, botones con tecnología Java o Javascripts o gráficos animados.

Es más, un sitio con elementos titilantes, textos que se deslizan o desplazan de un lado a otro del monitor, letras que "vuelan", íconos animados, etc., tal vez lo único que logre es distraer el verdadero foco de la atención.

Sencillamente un sitio bien diseñado es aquel que rápidamente conteste a la primera pregunta que todo navegante se hace al llegar a una página web: "*¿Qué es lo que este sitio me está ofreciendo?*" o "*¿Qué aspecto de mi vida cambiará este sitio?*".

Otra de las razones es la demanda de tiempo que estos recursos suelen consumir. Una gran imagen, con definición y detalles, requiere de un archivo acorde a esa calidad. El tiempo es un factor clave en el éxito de un sitio y la oferta es tan grande que si la

(Margen lateral derecho) Crear un sitio en la Web 1

demora en la bajada de información es elevada, un simple clic del navegante lo conducirá al sitio de la competencia.

Probablemente una estética sobria, que refleje fielmente la imagen de la empresa y sirva de complemento o base de los contenidos a exponer sea lo más indicado, procurando tener en cuenta el tipo de computadora que supuestamente ha de tener el perfil de nuestro visitante, de tal forma que sea navegable por la mayor cantidad de usuarios.

IMPORTANTE

A la hora de tomar decisiones...

Los conflictos entre las distintas opciones con que los visitantes navegan la Web hacen que debamos ser muy cautos a lo hora de definir tanto la estética como la tecnología a utilizar. Recordemos en todo momento que desde el punto de vista del hardware probablemente seremos visitados por usuarios de Macintosh o de PC (sin olvidar la creciente popularidad que está teniendo Linux), además de que poseerán diferentes capacidades de memoria y velocidad. Desde el punto de vista del software, utilizarán distintas versiones de browsers o navegadores, Netscape Navigator e Internet Explorer (e incluso otros no tan conocidos como el Opera). Incluso las distintas formas de configuración de máquinas y browsers hacen que debamos pensar en las distintas opciones de navegación, posibilitando a todos ellos alguna alternativa que permita comprender cabalmente la esencia del sitio

El uso de imágenes debe corresponderse con archivos lo más livianos posible; también conviene no abusar de la cantidad de imágenes por documento. En este punto es importante establecer un buen balance entre calidad y peso de los gráficos, lo que producirá a veces la resignación de lo primero en beneficio de lo segundo.

El rubro automóvil en la Red se ha constituido en uno de los que más cuidan la estética, la que suele ser muy sofisticada tanto en la tecnología utilizada, como en la definición de sus imágenes.

www.chevrolet.com.ar

www.renault.com.ar

Obsérvese en la página de inicio de Ford la tecnología utilizada (Window Pop-up) para destacar un determinado tópico ("Autos seminuevos garantizados").

www.ford.com.ar

Dinámica de navegación

Luego de tener en claro cuál es exactamente la materia prima que vamos a mostrar en línea, debemos recolectar los textos e imágenes que volcaremos en el sitio. Para ello tomemos papel y lápiz ya que, junto a quien se encargará del diseño, vamos a dibujar la grilla del sitio en cuestión.

Una grilla es un simple gráfico hecho a mano alzada, donde procuraremos dibujar los documentos que componen el sitio, así como la forma en que éstos se comunicarán entre sí.

IMPORTANTE

Para tener en cuenta

La mejor forma de llevar a cabo esta importantísima maniobra es colocándonos en la piel de nuestro futuro visitante, es decir, dibujar el/los perfiles del posible navegante.

Las preguntas clave a hacerse son: si yo tipeara la dirección **www.miempresa.com.ar**, *"¿qué me gustaría encontrar allí?, ¿qué servicios, información y atención quisiera recibir?, ¿quisiera poder contactarlos?, ¿de qué manera?"*.

Hotel La Yapla

E J E R C I C I O

Hotel La Yapla

Dibujemos entonces, y a manera de ejemplo, una grilla simple referida al "Hotel La Yapla".
Todo sitio en la Web comienza con una Home Page o página de inicio y luego otros documentos que se enlazarán entre sí.

El visitante accedería a una página de inicio que serviría de compilado o índice de lo que podrá encontrar en todo el sitio. Claramente destacaría aquella información que típicamente suelen requerir quienes consultan sobre un hotel, y de aquí se deducirían los documentos a los que se accedería desde el inicio a través de los enlaces respectivos.

- En documento que contenga las comodidades generales del hotel (tal vez con imágenes significativas).
- Un documento que contenga las comodidades de las habitaciones de acuerdo a las tarifas.
- Un documento que contenga las tarifas (de manera clara y sencilla de comprender).
- Un documento que contenga otras alternativas que ofrece el hotel (servicios adicionales, excursiones turísticas, etc.).
- Un documento que contenga en forma clara el modo de contactarnos.

Una dinámica de navegación unificada es ofrecida por el gigantesco multimedio americano CNET y varios de sus sitios. Muestran un estilo simple de enlaces mediante texto, donde se reproducen en cada uno de ellos los colores corporativos.

Visite estas páginas en su browser para comprobar la coherencia estética que ofrecen (colores, logos, separadores, enlaces, etc.).

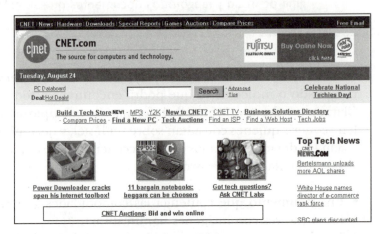

www.cnet.com

www.news.com

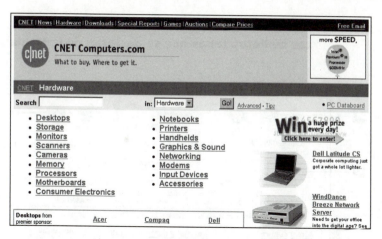

www.computers.com

www.gamecenter.com

ALGUNOS SITIOS EXITOSOS

Yahoo en Español

Tanto **Yahoo** (**www.yahoo.com**), como **Yahoo en Español** (**espanol.yahoo.com**), pueden ser considerados como "marca registrada" en lo que a interfaz se refiere. Han impuesto un verdadero estilo de presentar una página de inicio en los buscadores. Veremos en otros ejemplos cómo los principales buscadores y directorios del mundo tomaron esta estética para sus respectivas "home pages".

Las distintas zonas que se destacan de la Home

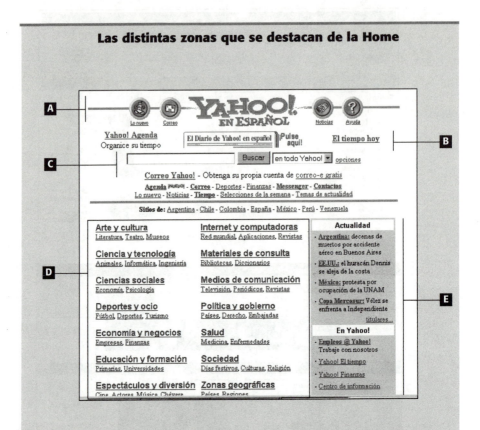

A. En la parte superior se destaca el logo, pudiendo accederse además a los nuevos sitios indexados por Yahoo en español (**Lo Nuevo**), a las recomendaciones (**Chévere**), **Noticias**, y a una ayuda general en el uso del directorio (**Ayuda**)

B. Un segundo nivel, donde se destaca la publicidad (por cierto la única en la página de inicio) en el centro, y a los lados la oferta laboral y las novedades.

C. Tal vez la parte central, junto con D. Desde aquí directamente puede incluirse la palabra o frase clave y comenzar la búsqueda. También se han incluido enlaces directos a los países con mayor presencia en este directorio.

D. Se accede a la navegación por categorías y subcategorías. Obsérvese que se utiliza el hipertexto sin ningún tipo de imagen, haciéndose hincapié fundamentalmente en el servicio por encima de la estética.

E. Acceso a las noticias más importantes del día.

Veamos ahora la parte inferior de la página de inicio en Yahoo en Español.

Yahoo! Yahoo! - Alemania - Asia - Australia y Nueva Zelanda - Canadá - en chino - Corea
mundial Dinamarca - España - Francia - Italia - Japón - Noruega - Reino Unido e Irlanda - Suecia

---

Compre inteligentemente con **VISA**

Sugerir un sitio - Perfil de la empresa - Oportunidades Publicitarias - Comentarios

---

En modo texto, se ofrece aquí el enlace a los distintos directorios que Yahoo! tiene distribuidos por el mundo, así como también publicidad y aquellos que corresponden a información institucional

Amazon

Cada vez que se invoca un modelo de sitio exitoso en cuanto a comercio electrónico, es prácticamente imposible ignorar a Amazon.com.

Pero Amazon no es solamente un sitio en donde fácilmente puede comprarse un libro (últimamente música, video y artículos de electrónica también) sino que además brinda una cantidad importante de servicios.

Esta empresa ha procurado llevar al sitio aquello que es valorado por el comprador de un libro, y de esta manera es posible leer un comentario del título elegido.

Supongamos que hemos cliqueado en uno e ingresamos a un documento que nos brinda los siguientes servicios:

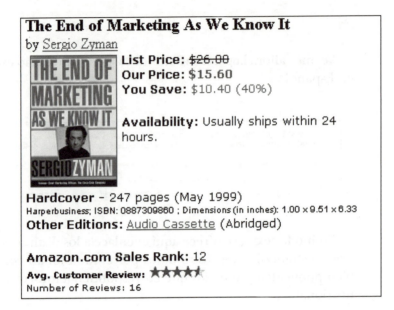

- Precio diferencial por el solo hecho de comprar a través de la Red, lo cual es obvio por la reducción de costos causada por la falta de intermediarios.
- Envío a las 24 hs. de recibido el pedido (dentro de los Estados Unidos).
- Descripción pormenorizada del tamaño, cantidad de páginas.
- Otras formas de edición, casete en este caso.

Customers who bought this book also bought:

- Kotler on Marketing : How to Create, Win, and Dominate Markets; Philip Kotler
- Why We Buy : The Science of Shopping; Paco Underhill
- Permission Marketing : Turning Strangers into Friends, and Friends into Customers; Seth Godin, Don Peppers
- The Experience Economy; B. Joseph Pine, et al

Click here for more suggestions...

Promoción de otros libros comprados por lectores que han adquirido este título.

Customers who bought titles by Sergio Zyman also bought titles by these authors:

- Philip Kotler
- Paco Underhill
- Seth Godin
- Sam Hill
- Peter F. Drucker

Promoción de otros libros comprados por clientes que han adquirido libros de este autor.

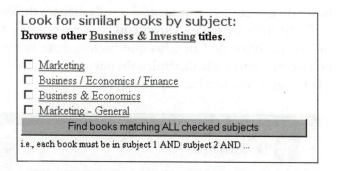

Look for similar books by subject:
Browse other Business & Investing titles.

☐ Marketing
☐ Business / Economics / Finance
☐ Business & Economics
☐ Marketing - General

Find books matching ALL checked subjects

i.e., each book must be in subject 1 AND subject 2 AND ...

Posibilidad de búsqueda de libros similares a través de categorías.

Otros servicios:

Comentarios del libro, tanto por personal de Amazon como por personalidades y otros lectores.

La posibilidad de escribir un comentario acerca del libro.

Download.com

Uno de los tantos sitios que Cnet ha colocado en la Web y cuya función principal es la de ser un repositorio de software (shareware principalmente).

El perfil del visitante de **Download.com** (**www.download.com**) es el del navegante que desarrolla una de las actividades más populares (tal vez la más popular) de la Red: bajar software. Por lo que es sencillo darse cuenta de que la empresa no ha colocado un gran énfasis en la estética, sino más bien en la practicidad del sitio. Rápidamente puede hallarse el software que se pretende encontrar, ya sea colocando una palabra clave en la caja de búsqueda o navegando a través de categorías y subcategorías (**a la manera de Yahoo**).

En términos visuales, **Download.com** pareciera integrarse a la cadena de sitios de Cnet, los que básicamente muestran uniformidad en cuanto a la dinámica de navegación, y por sobre todo, a la imagen corporativa que se utiliza.

Navéguelo para una mejor percepción de los colores corporativos.

Por otro lado **Download** consigue el tan ansiado objetivo de provocar una y otra vez la visita del usuario, manteniéndose al día con las novedades, incorporando nuevas categorías a medida que determinados temas van adquiriendo mayor relevancia entre los navegantes (obsérvese cómo temas que han adquirido importante peso en la Red son transformados en categorías: Linux, Mp3, virus, etc.).

Buscador Clarín

El modelo estético de búsqueda de Yahoo se ha universaliza-do y prácticamente es utilizado por el resto de los buscadores en todo el mundo, y además incluye servicios adicionales basados en información local. De esta manera puede accederse directamen-te a las noticias, reporte meteorológico, etcétera.

www.buscador.clarin.com.ar

Gauchonet

Desde el punto de vista histórico, **Gauchonet** (**www.gauchonet. com**) se ha transformado (salvando las distancias) en el Yahoo ar-gentino. No sólo es un buen directorio con información muy com-pleta, sino que también ha sido el primer buscador argentino, y en cierta forma, ha tomado el modelo de Yahoo.

ERRORES TÍPICOS EN UNA HOME PAGE

¿Cuántas veces hemos ingresado a un sitio y la primera información que encontramos sólo se refiere a la historia de la empresa y datos de las personas que allí trabajan?, ¿muchas no?

Bien, seguramente esto lustrará nuestro ego, el del personal de la empresa, el de los familiares, pero ¿será realmente del interés del visitante? ¡¡Dígame la verdad!! ¿Cuánto tiempo permanecemos en ese tipo de sitios?, ¿cliqueamos en alguno de sus enlaces?, ¿volvemos?

Seamos sinceros, a nadie le interesa en absoluto ni una sola palabra de toda esa información.

IMPORTANTE

Página de Inicio o Home Page
Pensemos que ésta es la carta de presentación del sitio. El éxito depende muchas veces no sólo de un buen diseño visual general, sino también de que el mensaje principal sea trasmitido de manera clara, concreta y rápida.

El navegante sólo quiere saber qué es lo que el producto o servicio que ofrecemos puede hacer por él, de qué manera lo ayudará a mejorar su vida o al menos un aspecto de ella, o a solucionar un determinado problema, y para demostrarle que es así, sólo tenemos unos pocos segundos, o minutos en el mejor de los casos, y realmente desperdiciarlos en favor de nuestra vanidad no es precisamente una conducta que mejorará la relación cliente/empresa ni mucho menos aumentará a corto, mediano o largo plazo nuestras ventas.

Basados en la respuesta a estas preguntas, produzcamos los cambios necesarios.

Recordemos adicionalmente entregar al visitante una buena razón para permanecer en el sitio, recorrer el resto de sus páginas y, por sobre todo, VOLVER.

Utilicemos una tipografía sencilla de leer, procurando que el fondo de la página no interfiera con su lectura.

NOTA

> ***Hagámonos las siguientes preguntas para evaluar el contenido de nuestro sitio***
>
> - ¿Cuánto tiempo invertiría yo (como visitante) en este sitio? (recuerde una vez más que el navegante promedio se conecta a Internet por una cuenta de "dial-up" o conexión telefónica, por lo que cada minuto implica un gasto de dinero.
> - ¿Compraría este producto o contrataría este servicio basándome en la información expuesta en el sitio?
> - ¿Pueden verse claramente las características y/o los beneficios del producto o servicio de tal manera que el visitante los comprenda de forma inmediata?
> - ¿Induce el contenido a regresar al sitio?

Utilicemos párrafos cortos, destacando las palabras o frases más importantes.

Seamos sintéticos. Transmitamos eficientemente el mensaje con la menor cantidad de palabras posibles. Recordemos que el navegante de Internet es sumamente impaciente.

ESPECIFICAR EL MODO EN QUE SE VINCULARÁN LOS DISTINTOS DOCUMENTOS DE UN SITIO

Luego de definir el contenido, debemos especificar la forma en que los distintos documentos se enlazarán entre sí. En el caso del sitio que describimos previamente (Hotel La Yapla; pág.31), la decisión no es difícil, ya que el sitio completo consta de 6 documentos en total, y tal vez sea lo más aconsejable que el visitante pueda contar con enlaces a todas las páginas desde cualquier parte del sitio. Pero a veces, el sitio puede adquirir tal magnitud que ofrecer esta variante puede transformarse en algo virtualmente imposible, ya que se precisaría de una ***barra de navegación*** demasiado grande y por ende contraproducente. Aquí es donde debe establecerse una clara navegación que tenga en cuenta los distintos perfiles de los potenciales visitantes de nuestra página.

Debemos procurar establecer la menor cantidad de clics para pasar de un documento a otro.

La barra de navegación

Es una porción determinada del documento destinada a mostrar los distintos documentos a los que se puede acceder mediante el hipertexto o enlace.

Una "buena dinámica de navegación": evitar el excesivo uso de enlaces o links

Si el usuario debe navegar del punto A al B, procure que este recorrido sea claro, evitando el uso de pasos intermedios. Recuerde que la paciencia no es la cualidad o virtud esencial del usuario de Internet.

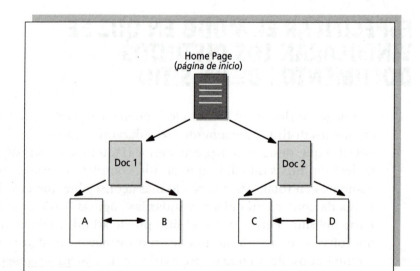

En este ejemplo, la dinámica de navegación se encuentra limitada sólo al enlace de algunos de sus documentos. Si el visitante, luego de haber llegado al documento B, pretende volver a la página de inicio, no tendrá más remedio que pasar primero por Doc 1. De la misma forma si desea pasar de Doc 1 a Doc 2, necesariamente deberá recurrir a la página de inicio para realizar este enlace.

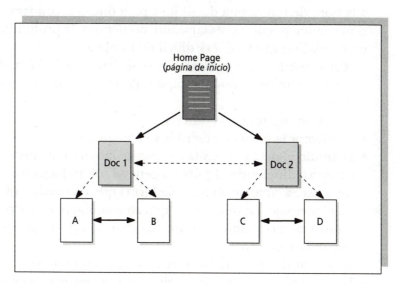

En este segundo ejemplo se ha contemplado la posibilidad de un rápido retorno a la página de inicio desde los documentos A, B, C, D (flechas con línea punteada), así como también la navegación entre los documentos Doc 1 y Doc 2.

LA PRIMERA IMPRESIÓN

Dejamos este "pequeño" detalle para el final, no por ser menos importante, sino porque en realidad tiene que ver con la psicología humana, más que con un tópico exclusivo del marketing. Pero convengamos en que puede ser, a la postre, un elemento decisivo a la hora de definir el éxito o fracaso de nuestro sitio.

Pensemos en el primer encuentro con otra persona, sea una cita, una consulta profesional o la compra de un producto. Siempre es difícil cambiar la primera impresión que esa persona u objeto nos causa. Su apariencia, forma de vestirse, sexo, gestos, expresiones faciales, mirada, el tono de su voz, las palabras que utiliza, olor, etc.; en definitiva, la información que ingresa a nuestro cerebro durante esos primeros cinco minutos, son trascendentes a la hora de tomar una decisión, y para que esta primera impresión cambie puede necesitarse mucho tiempo de profundización en la relación (aun así será difícil de cambiar).

Pero usted se preguntará cómo se hace en la Web, donde nuestros sentidos no pueden captar olores, tonos de voz ni expresiones.

Aquí van algunas sugerencias

- Cuidemos la forma de escribir y el lenguaje.
- Definido el perfil del visitante, escribamos a su manera. Si nos estamos dirigiendo al público general, no lo hagamos de manera excesivamente técnica, de forma que casi nadie comprenda el mensaje. Lo opuesto es aplicable también: no escribamos en forma excesivamente informal cuando nos dirijamos a un perfil más técnico.
- Escribamos con párrafos cortos y separados entre sí.
- Dirijámonos cortésmente y de manera amable, recordemos que todo visitante es un potencial cliente.
- Ofrezcamos una estética agradable, siempre en función de la practicidad y de la rápida carga.

En síntesis

Cuando piense su sitio deberá hacerlo teniendo en cuenta:

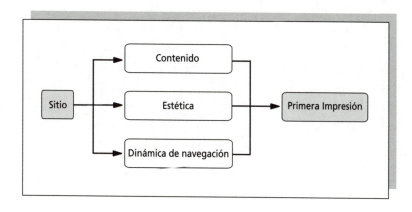

ALOJAMIENTO DEL SITIO WEB

Tomar la decisión acerca del lugar donde alojaremos el sitio es también trascendente.

¿Hosting gratuito o pago?, ¿registrarlo en Argentina o en USA?, ¿qué debemos requerir del hosting? En este capítulo analizaremos estos puntos críticos brindando además algunas sugerencias importantes a tener en cuenta.

2

DÓNDE ALOJAR LA PÁGINA WEB DE UNA EMPRESA

Hemos mencionado la importancia de alojar el sitio desarrollado en una máquina especializada, y si bien es cierto que esto puede realizarse en cualquier computadora, incluso en la que se encuentra en nuestro escritorio, no es aconsejable hacerlo de esta manera, por varios motivos.

En primera instancia, debemos recordar que el sitio debe ser accesible para cualquier usuario de la Red en el mundo las 24 horas del día, los 365 días del año (no hay feriados ni fines de semana) y esto implica una máquina y un "caño" (así suele llamarse a una línea directa) conectados y dedicados casi exclusivamente a estos menesteres. Por otro lado, la demanda de recursos probablemente sea tal, que colapsaría ante la primera requisitoria a la que no pueda responder (un puñado de visitantes en forma simultánea ya sería suficiente).

También sería posible colocar lo que se denomina un "server", es decir, el equipo necesario para que su sitio pueda ser mostrado al mundo con todos los requerimientos, pero esta opción no es la recomendada si la actividad en la Red no es nuestro principal objetivo, como sucede en la mayoría de los casos.

La mejor opción es, entonces, alojar la página en una empresa de "Web hosting", y veremos a continuación las diferentes posibilidades de que dispone el mercado.

Tratándose de una empresa (en oposición a una página personal) cuyos objetivos principales en la Red están emparentados con la actividad comercial, el marketing, la promoción y la presencia institucional, queda descartada la opción del alojamiento gratuito.

Las diferencias entre un Web hosting gratuito y uno pago

Existen numerosas empresas en el mercado, tanto locales como extranjeras, que ofrecen un limitado (pero generoso en términos del material que podemos volcar) espacio de alojamiento gratuito, pero una de las principales contras de este sistema es que el dominio del sitio, o mejor dicho, la dirección o URL de la página, será algo parecido a **www.hostingratuito/subdirectorio/otromas/miempresa.com.**

Analicemos por un instante: *hostingratuito* representa el nombre de la empresa que ofrece el servicio de *hosting* o alojamiento sin cargo, las más conocidas son **www.geocities.com**, **www.xoom. com**, **www.tripod.com** y también existen otras que entre otros servicios disponen el de alojamiento de página como **www.starmedia.com**, o el argentino **www.elsitio.com**.

Luego nuestro sitio podría estar dentro de lo que se conoce como subcategorías, o subdirectorios o "barrios" a los que hemos denominado como *subdirectorio* y/o *otromas,* para finalmente incluir el nombre de la empresa en cuestión *miempresa*.com.

NOTA

A la hora de tomar decisiones

Colocar nuestro sitio en un Web hosting gratuito no suele hablar bien de la empresa, en términos de la escasa o nula inversión que hacemos, a lo que se suma la dificultad de recordar tan larga e impersonal dirección. Por lo tanto, descartamos esta posibilidad en tanto se trate de una empresa. No así si se trata de una página personal sin fines de lucro.

Nos concentraremos entonces en el alojamiento de un sitio con un dominio o dirección que luzca como **www.miempresa. com** o **www.miempresa.com.ar**.

IMPORTANTE

Dominio gratuito propio

www.freeservers.com brinda dominios propios gratuitos a cambio de un banner en la parte superior de nuestra página.

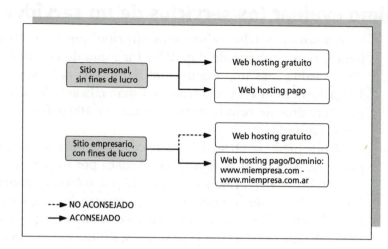

REGISTRO DEL DOMINIO

La primera pregunta que debemos formularnos acerca de nuestra dirección es si deseamos que finalice en **.com** o en **.com.ar**.

IMPORTANTE

Lugar de registro del dominio

Mas allá de cuestiones de imagen, que deberán evaluarse cuidadosamente en la empresa (**.com** suele estar asociado a Estados Unidos mientras que **.com.ar** a la Argentina), la diferencia radica en el lugar de registro del dominio.

Mientras el **.com** se debe realizar en Internic (**www.internic. net**) y tiene un costo que ronda los $100 (más información en **rs.internic.net/announcements/fee-policy.html**), el **.com.ar** se realiza en Nic Argentina, un servicio público del Ministerio de Relaciones Exteriores, Comercio Internacional y Culto (MRECIC), ofrecido a través de su Programa de Informática (**www.nic.ar**) y, hasta el momento en que escribíamos el presente libro, no debía abonarse ninguna suma de dinero por este trámite.

De esta manera, el sitio puede alojarse en cualquier servidor del mundo sin importar dónde se haya efectuado su registro.

Cómo evaluar los servicios de un servidor

Veamos en detalle los servicios ofrecidos por la compañía Jujonica, representante de RapidSite Inc., una de las empresas de Web hosting más importantes del mundo, con operaciones en 130 países y líder en USA, Francia, España, Israel, Brasil y Alemania. Actualmente brinda servicios a más de 100.000 empresas en todo el mundo.

Según Juan Garabaglia (directivo de la empresa), y desde un punto de vista técnico, Jujonica se destaca por su performance y confiabilidad. Performance asegurada por múltiples conexiones T3 (35 Mbps) a los carriers más importantes del negocio, como son UUnet, MCI y Sprint, por servidores Silicon Graphics Origin 2000, Origin 200, Octane y Channel S, Routers y Switches Cisco, utilizando protocolo BGP4, y confiabilidad por los constantes back-up de información, gran ancho de banda y soporte técnico las 24 horas.

Pero antes de analizar los precios y servicios ofrecidos, qué es lo que debe evaluarse a la hora de elegir el lugar donde residirá nuestro sitio:

- **Velocidad de transmisión de datos**

Este es uno de los factores clave que determinan la rapidez o lentitud con la que los futuros visitantes navegarán nuestro sitio. Debe evaluarse con cuidado, ya que es sabido que un sitio de lenta navegación irrita al visitante, haciendo que este factor sea decisivo a la hora de elegir entre las infinitas opciones que ofrece la Web. En este momento, el estándar de enlaces se denomina T3.

- **Conexiones a diferentes proveedores**

Conocida es la situación de "caída del sistema". Contar con varias empresas que provean enlaces asegura un permanente acceso por más que uno o varios de ellos se "caigan".

- **Control del sitio**

Es sumamente importante tener acceso permanente al sitio en términos de modificaciones.

Si queremos tener éxito en esta "movida cibernética", una de las claves es la renovación de contenidos, y poder acceder a su modificación tantas veces como sea necesario es una exigencia que todo buen servidor debiera poder cumplir.

• Seguridad

Los intentos de "hackeo" (ataque de delincuentes informáticos) a un sitio son algo muy habitual en estos días. El *hosting* debe estar provisto de todos los requerimientos necesarios para controlar y defenderse de estas situaciones (seguridad física del hardware, encriptación de información, software de seguridad adecuado, etc.).

• Escalabilidad

Es cierto que por el momento sólo un puñado de navegantes visitarán nuestro sitio, pero eso no quiere decir que siempre será igual. Siguiendo las sugerencias de este libro y con una buena política de marketing, tal vez a mediano plazo ese puñado puede transformarse en cientos o miles, y nuestro proveedor debe estar preparado, desde la infraestructura, para responder a esta demanda de forma adecuada. Capacidad de conexión y ancho de banda son dos elementos importantes a la hora en que estos hechos se produzcan.

• Back-up de información

Ninguna empresa está exenta de fallas en su sistema, por más grande e importante que sea. Nuestro proveedor debe hacer copias de resguardo de aquella información vital, que permitan el rápido restablecimiento del sistema en caso de imponderables.

• Soporte técnico y monitoreo

La Red no se toma descanso, no hay horarios de atención y de descanso, no hay feriados, ni fines de semana, ni vacaciones, es un negocio abierto las 24 horas los 365 días del año. El soporte técnico, por lo tanto, debe ser un servicio también de 24 horas, con una rápida capacidad de respuesta, y monitorear las máquinas con la misma atención y diligencia.

- **Transacciones comerciales**

Actualmente las transacciones comerciales a través de la Red no son demasiado populares en la Argentina. Pero solamente observar lo que sucede en los países desarrollados nos indica que tarde o temprano esto ocurrirá y el servidor que aloja nuestro sitio debe estar preparado para brindar este servicio de manera de contar con tecnología que soporte el comercio electrónico de manera segura y confiable.

- **Experiencia**

Chequear otras empresas que estén alojando sus sitios en nuestro futuro proveedor nos dará una cierta idea de su idoneidad y capacidad.

- **Estadísticas**

Este es un servicio que no todos los proveedores brindan, y es la única herramienta que permitirá conocer quiénes visitan nuestro sitio, así como un sinnúmero de detalles que luego de ser analizados harán que podamos optimizarlo, apuntalando los lados débiles y fortificando los más exitosos. Consultemos sobre la disponibilidad de programas de estadística o reportes de acceso.

Veamos entonces cuál es el mínimo de prestaciones de la cuenta a la que debemos abonarnos para alojar nuestro sitio.

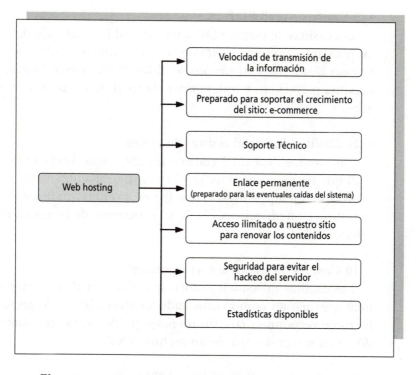

Elementos que permiten la evaluación de un servicio de alojamiento.

Habitualmente, un sitio contiene texto e imágenes y estos elementos no requieren grandes recursos por parte del servidor. Para Jujonica esto significa ingresar a través del "Plan Personal", cuyo costo es de u$s 112.50 p/trimestre + u$s 50 por apertura de cuenta, y el mismo incluye:

- **Dominio propio**
  Habitualmente, las empresas que alojan el sitio incluyen dentro de la apertura de cuenta el servicio de registro de dominio, es decir, el trámite (a veces tedioso) de registrar la futura dirección o URL.

- **20 Mb de espacio en disco**
  Esta cantidad es más que suficiente para el tipo de sitio a que hicimos referencia.

- **5 Casillas e-mail POP**

Las casillas de e-mail POP son casillas de e-mail estándar como las provistas con una cuenta de acceso a Internet, sólo que en este caso residen en su propio servidor POP, lo cual le garantiza máxima privacidad e independencia total de los proveedores de acceso.

- **10 Casillas de e-mail redireccionables**

Las casillas de e-mail redireccionables son direcciones de e-mail que reciben un mensaje y lo transfieren a una casilla especificada; por ejemplo, todo lo que llegue a ventas@su-dominio.com es redireccionado a la casilla de su proveedor de Internet: mgonzalez@ciudad.com.ar .

- **10 Casillas de e-mail autorresponder**

Las casillas de e-mail autorresponder son direcciones de e-mail que actúan como contestadores automáticos. Al recibir un mensaje responden con un mensaje predeterminado almacenado en su server dentro de un archivo TXT.

- **Actualizaciones ilimitadas vía FTP**

Esto se refiere la posibilidad de renovar contenidos en todo momento y de acuerdo a las necesidades particulares.

- **600 Mb de transferencia mensual**

Es la cantidad de transferencia incluida en nuestro server; es decir, la cantidad en Mb de información que puede enviarse sin necesidad de pagar cargos extra. Cada archivo, ya sea un GIF o un JPG (imágenes), un HTML (documento web), tiene un peso en Kb. Por ejemplo, si un GIF pesa 10 Kb y lo ven 100 visitantes, eso será aproximadamente 1 Mb de transferencia. Para tener una idea de la cantidad que esto implica, piense que si sobrepasamos esta cantidad realmente estaremos en presencia de un exitoso sitio web, y de esta manera no nos preocuparemos en absoluto de pagar el recargo.

- **Estadísticas de tráfico a través de un panel de control**
  Panel de control en línea de acceso directo a las estadísticas del sitio

- **Soporte para extensiones de Microsoft FrontPage 98**
  El FrontPage 98 de Microsoft es uno de los administradores/editores HTML más populares y requiere por parte del servidor la instalación de sus correspondientes extensiones para un óptimo funcionamiento del sitio.

Cuando las necesidades de servicios son mayores, se dispone del "Plan Profesional", cuyo costo es de $180 por trimestre + $50 en concepto de apertura de cuenta. Incluye todo lo mencionado en el Plan Personal más el aumento en la cantidad de información que puede ser almacenada, 30 MB de espacio en disco rígido, 10 casillas e-mail POP, 20 casillas de e-mail redireccionables, 20 casillas de e-mail de autorrespuesta y un aumento a 2.000 Mb en la transferencia mensual. Además, se incluye un soporte para CGI, pudiéndose de esta manera incluir scripts o pequeños programas desarrollados en Perl. Estos programas suelen permitir interactividad en el sitio o bien la utilización de aquellos ya preconfigurados. Algunos ejemplos son: el libro de visitas o Guestbook, foros de discusión, la inclusión de Excite dentro del sitio (que le permitirá colocar el motor de búsqueda dentro de un documento) o la inclusión del Volano chat (un pequeño programa desarrollado en Java que permite tener un foro de discusión a manera de conversación en tiempo real).

Si las necesidades son mayores, es decir, que se prevé una concurrencia masiva, necesidad de transacciones o comercio electrónico, etc., el "Plan Corporate" brinda acceso a todas las capacidades descriptas, aumentando aún más los volúmenes:

SSL, soporte para transacciones seguras.

Soporte para Cybercash.

Soporte para configurar un carrito de compras.

Soporte para bases de datos.

Servidor Real que permite la posibilidad de "estrimear" (streaming o emisión a medida que baja el archivo) video y audio.

Hemos brindado una idea somera acerca de un Web hosting para que nos sirviera de modelo, pero existen numerosas empresas que ofrecen este servicio. Si desea obtener más información, recurra a las siguientes direcciones:

Argenlink	www.argenlink.com
Argentina Víp	www.argentinavip.com.ar
ArSur	arsur.com
Datamarkets	www.datamarkets.com.ar
Hosting Argentina	www.25pesos.com.ar
Internet Impsat de Argentina	www.internet.impsat.com.ar
Red Net Argentina	rednet.com.ar
Serviweb	www.serviweb.com
Jujonica	www.jujonica.com

Y también realice una búsqueda utilizando como palabra o frase clave "Web hosting", "alojamiento de página", entre otras.

SERVICIOS Y MARKETING

Conozcamos en detalle el perfil de los visitantes mediante formularios.

Mantengamos un estrecho contacto con ellos a través de un newsletter o administrando una lista de correo.

Incrementemos la cantidad de visitas con concursos o sorteos honestos e interesantes.

3

USO DE FORMULARIOS

Uno de los métodos tradicionales para obtener información de quien visita nuestro sitio es a través de la utilización de un formulario a completar.

IMPORTANTE

A tener en cuenta
Si bien técnicamente es muy sencillo incluir un formulario, debe ser cuidadosa su confección desde el punto de vista conceptual.

En un formulario podemos incluir una cantidad de preguntas, así como opciones en la forma de elección múltiple (*multiple choice*). Pero antes de describirlas veamos su propósito.

En primer lugar, es importante pensar que completar un formulario es una actividad que requiere por parte del visitante la inversión de una cantidad de tiempo que él mismo está pagando mediante su abono al proveedor de Internet, pero por sobre todo a través de su propia cuenta telefónica, por lo que es importante incluir sólo las preguntas que nos resulten de real valor y que, por otro lado, no violen su privacidad.

En general podemos decir que nombre y apellido y también su dirección electrónica suelen ser los datos que más habitualmente se solicitan. Si precisamos datos adicionales, es bueno evaluar si el contenido de nuestro sitio ha de generar la confianza necesaria y estimulará a nuestro visitante a que invierta su tiempo=dinero, como para completar estos campos.

Evalúe previamente estos puntos:

- ¿La información volcada en el sitio es de real valor para el visitante?
- ¿Renuevo los contenidos con cierta frecuencia?
- ¿Contesto con diligencia los mensajes que me envían los visitantes?
- ¿Trato respetuosamente al visitante?

Servicios y marketing **3**

Por favor, complete el formulario, nos pondremos en contacto a la brevedad

Nombre y Apellido

E-mail

Comentarios

Enviar   Limpiar

Formulario de contacto donde se incluye adicionalmente un campo para el envío de comentarios por parte del visitante.

Si sus respuestas son afirmativas en todos los casos, tal vez amerite incluir otros datos que puedan resultar de utilidad, como por ejemplo la dirección postal, edad, configuración de la computadora y otras preguntas que considere de valor, pero que sin duda requerirán de más tiempo de respuesta por parte del visitante.

Es muy común (y esta experiencia es personal) encontrarse con formularios sumamente extensos, y a pesar de toda la voluntad puesta, son muchos los que desisten de completarlos.

Por favor, complete el formulario, nos pondremos en contacto a la brevedad

Nombre y Apellido

Dirección

Ciudad

Provincia

Código Postal

País

Teléfono

E-mail

Enviar   Limpiar

Formulario con solicitud de información adicional.

Servicio de soporte

Ofrecer un servicio de soporte es otra buena opción para obtener los valiosos datos que vuelque el visitante. Supongamos que ofrecemos un servicio de consultas acerca de nuestro producto o servicio. Es posible incluir en el formulario un casillero correspondiente a *"háganos llegar su comentario o pregunta"*.

Este es un excelente "valor agregado", y nuestro sitio está cumpliendo una verdadera función. Los navegantes "serios" (*heavy users* y no tanto) valoran este servicio que, si además es respondido con premura, suele generar las condiciones necesarias como para que el usuario complete los datos con gusto y se sienta agradecido por esta situación.

Por otro lado estaremos generando una instancia de confianza y acercamiento con el actual o futuro cliente, y de una manera u otra, en un corto, mediano o largo plazo redundará en el aumento de nuestras ventas.

Recordemos que la Web no es mágica, y que el solo hecho de tener presencia allí no nos hará ricos de la noche a la mañana. Tener un sitio en la Web es sólo una pata más (que puede ser más o menos importante de acuerdo a la dedicación y empeño que pongamos) de la empresa, tal como puede ser la publicidad gráfica, radial o televisiva, la forma en que presentemos el producto o servicio, o su eficiencia.

El mismo formulario con la inclusión de un espacio para comentarios.

Por favor, complete el formulario, nos pondremos en contacto a la brevedad

Nombre y Apellido	
Dirección	
Ciudad	
Provincia	
Código Postal	
País	
Teléfono	
E-mail	
Comentarios	
Color preferido	○ Rojo ○ Verde ◉ Azul

Inclusión de botones para seleccionar una de varias opciones.

NOTA

Para qué sirven los formularios

Pueden ser una herramienta muy útil para mejorar la calidad del sitio y conseguir ese tan preciado objetivo de lograr el regreso de nuestros visitantes.

Incluyamos alguna posibilidad de ingresar comentarios referidos al sitio. Críticas, elogios, preguntas y todo aquello que el usuario desea ver, deben ser escuchados con mucha atención.

No demos por sentado que sabemos lo que el usuario quiere consumir, procuremos escuchar y luego obrar en consecuencia.

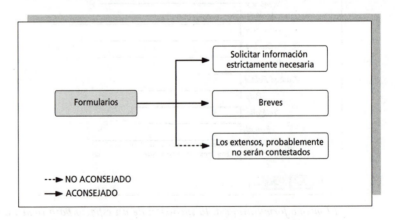

Formularios → Solicitar información estrictamente necesaria

Formularios → Breves

Formularios ⇢ Los extensos, probablemente no serán contestados

‑ ‑ ‑► NO ACONSEJADO
──► ACONSEJADO

Formularios: características y objetivos.

NEWSLETTER

Otra excelente forma de mantener una estrecha comunicación con el usuario que visita el sitio es la publicación de un newsletter o boletín informativo con cierta periodicidad.

Un newsletter es un mensaje que usualmente es enviado por quien administra el sitio a pedido del visitante a través de e-mail. El contenido es muy variado y, dependiendo del rubro del sitio, incluye novedades de la empresa, nuevos productos, nuevos servicios, nuevas aplicaciones de productos o servicios, diversas experiencias de quienes ya se encuentran consumiendo el producto o servicio.

Sin importar su contenido (obviamente procure que el mismo sea de real valor) programemos con anticipación la frecuencia con que será distribuido.

NOTA

Cumplimiento de las expectativas creadas

Generar un newsletter no es algo sencillo en términos de contenido, ya que suele consumir una importante cantidad de nuestro tiempo. Si nos hemos comprometido a enviar uno semanalmente, habrá que hacerlo, pues el incumplimiento resultará en el desprestigio de nuestra buena intención.

Una buena idea para conquistar usuarios interesados en nuestro newsletter es incluir la opción de suscripción desde el formulario creado en el paso anterior.

Supongamos que el formulario incluya datos como nombre y apellido, dirección electrónica, dirección postal, etc.; puede incluir una pregunta como "¿Desea recibir el newsletter semanal de nuestra empresa?" y luego un casillero a marcar en caso afirmativo.

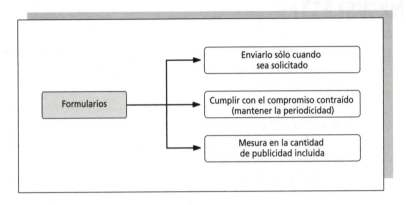

Newsletter: características y objetivos

NOTA

Muchos sitios utilizan un "pícaro" truco

En vez de la pregunta "¿Desea recibir el newsletter semanal de nuestra empresa?", colocan la situación opuesta: "Marque el casillero si no desea recibir nuestro newsletter" o, en su defecto, "Deseo recibir el newsletter semanal" pero con el casillero marcado por omisión o default. Esto obliga al visitante a leer la frase detenidamente y desmarcar esta opción en caso de no desear recibirlo.

LISTA DE CORREO

La lista de correo tiene dos direcciones electrónicas, una administrativa cuya función principal es dar de alta y baja a sus miembros (*Subscribe / Unsubscribe* o "suscribir" y "desuscribir") y otra a la que efectivamente se enviarán los mensajes.

Administrar una lista de correo puede transformarse en una excelente herramienta de marketing, ya que estaríamos dando un servicio, como es el de reunir alrededor de nuestro sitio a nuestros visitantes, quienes si así lo desean pueden suscribirse y de esta manera intercambiar información (es importante no perder de vista en ningún momento el respeto por la privacidad).

IMPORTANTE

Definición

Una lista de correo es un grupo de usuarios de Internet que comparten un mismo interés, profesión, oficio o pasión, e intercambian información mediante el correo electrónico. De esta manera, cada vez que uno de ellos envíe un mensaje a la lista, automáticamente el resto de los integrantes lo recibirá.

Administrar una lista de correo no es una tarea fácil, ya sea por el aspecto técnico de cómo implementarla o por el tiempo requerido para seguir el curso del intercambio de sus participantes, lo que sin duda nos dará una información sumamente valiosa.

IMPORTANTE

Para qué sirve administrar una lista de correo

La implementación de una lista de correo brinda una visión de aquello que preocupa o interesa a quien visita un sitio, quien podrá así tomar acciones directas en función de ello.

Servicios disponibles para la creación de una lista de correo

Existen diversos servicios, algunos de ellos gratuitos y otros pagos, que facilitan la creación de una lista de correo.

Onelist (**www.onelist.com**) ofrece un servicio gratuito de administración y mantenimiento de una lista de correo a través de la Web. Básicamente debemos registrarnos como usuarios, y a partir de allí completar un formulario donde volcaremos los datos referidos al tipo y características de la lista a crear (nombre, dirección, descripción, idioma, categoría y subcategoría, limitaciones, moderada o restringida, etc.), una de las cuales permite la administración de la misma, lo que la transforma prácticamente en un newsletter (marcando la opción *Do you want this list to be* *a restrictes list?* transforma a su administrador en el único usuario que tiene permiso de enviar un mensaje).

Otros sitios que ofrecen similares servicios:

EGroups	www.egroups.com
Coollist	www.coollist.com
Netscape (versiones gratuita y paga)	websitepostoffice.netscape.com

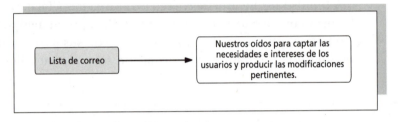

Lista de correo: objetivo.

PROMOCIÓN A TRAVÉS DE CONCURSOS

Sabido es el atractivo que produce la palabra "*gratis*" o "*free*" en la Red: suele atraer muchos visitantes. Consideremos la posibilidad de "regalar" algo a cambio de estos datos (los volcados a través de un formulario, por ejemplo).

Una excelente forma de promocionar el sitio es a través de un concurso. Esto no significa que debamos sortear un producto de alto valor. Probablemente, el visitante valorará que el premio se encuentre relacionado con el producto o servicio alrededor del cual gira el sitio, es decir, sortear el mismo producto que vendemos puede resultar una buena idea.

NOTA

Un regalo a medida
El premio debe ser algo interesante y con un valor adecuado, por ejemplo y para un pequeño sitio, algo que oscile entre los $ 60 y los $ 100, seguramente será apreciado por el visitante.

Otra buena idea es generar este tipo de sorteos con una cierta regularidad, lo que provocará la tan deseada "vuelta" o "regreso" del visitante en busca de una nueva oportunidad si es que no ha sido favorecido en el concurso anterior.

Para que esto suceda, mantener la honestidad es un requisito indispensable. El sorteo debe ser real y los visitantes deben poder conocer a los ganadores, por lo que deberemos anunciar el ganador en la página de inicio tan pronto como se produzca este evento. Esto generará interés para participar una y otra vez.

Otra buena opción es enviar un e-mail a los participantes del concurso anunciando el ganador, procurando que éste sea breve, redactado de una manera amable y hasta con un poco de humor.

No olvidemos mantener el formulario de inscripción tan simple como se pueda. Si lo que se precisa es el nombre y apellido, dirección e-mail y postal... pues no lo compliquemos más, recordemos que no son pocos los sitios que ofrecen este tipo de concursos.

Publicitemos el producto en la página del concurso, pero hagámoslo de manera estricta y acotada, recordemos que el visitante está allí por el concurso y éste es un hecho que debe ser respetado.

Finalmente, quedará a nuestro buen entender y habilidad el uso que daremos a la base de datos que se creará con la inclusión de cada uno de los participantes del concurso, pero por sobre todo, respetemos la privacidad y procuremos no vender esta importante información (imaginemos la desagradable impresión que puede producir en el visitante enterarse de que ha recibido una publicidad no deseada –spam– gracias a que hemos dado a conocer de alguna manera su dirección electrónica (*"¡Glup! Tragáme tierra"*).

Estos sencillos pasos crearán un lazo de verdadera confianza entre el cliente y la empresa, lo que redundará, a mediano plazo, en un aumento de las ventas.

3

Servicios y marketing

IMPORTANTE

Idiomas

Es obvio que nuestro sitio utilizará el español como lenguaje obligatorio, pero ¿hemos evaluado la posibilidad de publicarlo también en otro idioma?

Probablemente esta pregunta parezca insólita, ya que el producto o servicio en cuestión tal vez apunte a un nicho claramente local; no obstante, preguntémonos si la traducción no aportaría una interesante apertura a otros mercados.

En síntesis:

Para establecer interactividad con nuestros visitantes disponemos de:

Formulario de contacto
Newsletter
Lista de correo

BANNERS

El sitio ha sido publicado, y es tiempo de darlo a conocer.

Métodos gratuitos y pagos. Conozcamos en detalle la estrategia a desarrollar decidiendo en base a la importancia que le hayamos asignado al sitio.

4

PUBLICIDAD DEL SITIO

Si bien todos los métodos gratuitos de promoción que hemos mencionado hasta aquí son válidos, tarde o temprano, y cuando nos demos cuenta de la importancia de tener un sitio en la Web, llegará el tiempo de invertir una cierta cantidad de dinero en publicidad mediante la inclusión de *banners* o carteles en otros sitios.

Pero para no malgastar nuestro dinero, debemos pensar cuidadosamente cuál es el sitio correcto en donde publicar.

Una de las particularidades de la Web es, a diferencia de otros medios, la posibilidad de apuntar a nichos específicos.

Veámoslo de esta manera: cuando una empresa publicita en la TV, radio o periódicos, estos medios se dirigen a un público masivo en líneas generales, y si bien puede hacerse una cierta discriminación de público en términos de horarios, tipo de programa, etc., aun así no se logra "hilar demasiado fino".

La Web es totalmente diferente, permite hilar tan fino como se desee. Si el motivo de mi sitio gira alrededor de un producto o servicio de consumo masivo, puedo publicar en alguno de los grandes buscadores, sean éstos locales o internacionales, y a medida que aumenta la especialización y se reduce el número potencial de consumidores, podremos optar por hacerlo en la página de inicio, en categorías y subcategorías o por patrocinio de palabra clave (lo veremos enseguida)

Un ejemplo de correlato virtual, estética acorde al target o perfil del potencial visitante y donde no están ausentes los avisadores que también tienen presencia en dos de los programas más vistos por la juventud del país.

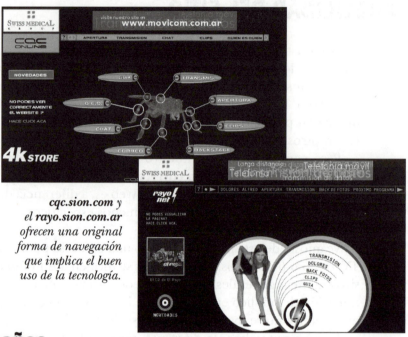

cqc.sion.com y el rayo.sion.com.ar ofrecen una original forma de navegación que implica el buen uso de la tecnología.

Tamaños

Si bien los banners publicitarios pueden tener cualquier medida, es importante que conozcamos las estándar, de manera que nos vayamos acostumbrando al espacio disponible para colocar el mensaje (las medidas están expresadas en píxeles: rectángulo más pequeño que conforma una imagen (unidad más pequeña). Usualmente las imágenes en computación se miden en píxeles:

Full Banner: 460 x 60 ó 392 x 72

Half Banner: 234 x 60

Micro Banner: 88 x 31

PUBLICACIÓN EN BUSCADORES

La posibilidad de anunciar en los buscadores es comparable tal vez a hacerlo en los diarios más importantes del mundo. El tráfico que suele generar un banner es considerable, debido a que éstos han sido catalogados como portales de Internet, es decir, sitios a través de los cuales los usuarios de la Red ingresan o comienzan una sesión. Baste pensar que diariamente por Yahoo o Yahoo en Español pasan millones y millones de usuarios que potencialmente pueden ver el anuncio publicitario.

Por lo tanto, y debido a los costos, tal vez no se encuentre al alcance de todos los emprendimientos.

De todos modos, y para quienes se encuentren evaluando esta posibilidad, veamos aquí las opciones más tradicionales y también algunos ejemplos.

1. En la página de inicio.
2. En categorías y subcategorías.
3. Por palabra clave.

Seguidamente, algunos ejemplos de avisos publicados en la página de inicio o *home page* de los principales buscadores locales e internacionales:

En Yahoo:

Fox, una cadena de televisión internacional en Yahoo.

En Yahoo en Español

El Sitio, información, entretenimiento, uno de los principales sitios de la Argentina en Yahoo en Español.

La Brújula

Argentina On Line, un proveedor de acceso a Internet en La Brújula (buscador argentino).

Gauchonet

IBM, hardware, software y servicios en el ramo tecnológico en Gauchonet (buscador argentino).

Donde

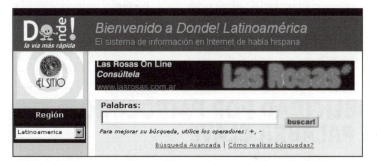

El Sitio nuevamente y Las Rosas (revista) en Donde (buscador argentino).

Webcrawler

Barnes & Noble, una enorme cadena de venta de libros, AT&T, empresa telefónica y CDNOW, el sitio más importante de venta de música en la Red lo hacen en WebCrawler.

Como puede observarse en estos ejemplos, las compañías que anuncian en las páginas de inicio de estos buscadores no son precisamente pymes (salvo excepciones), más bien todo lo contrario, y por otra parte sus productos o servicios son de consumo masivo.

IMPORTANTE

Evaluación de la inversión

Si bien el monto de dinero invertido para colocar un banner en la página de inicio de estos buscadores es importante, también lo es el tráfico que se genera alrededor de las mismas y por lo tanto la exposición de la marca.

Probablemente, su empresa no se encuentre en esta situación y, por otro lado, el producto o servicio que pretenda promover en la Web apunte a un determinado nicho del mercado. Veamos, pues, algunos ejemplos locales e internacionales:

PUBLICIDAD POR PATROCINIO DE PALABRA CLAVE

Esta es una manera muy práctica y dirigida de hacer publicidad, que sólo será vista por aquellas personas que busquen determinada palabra clave.

Por ejemplo en Yahoo en Español, toda persona que tipee la palabra clave "computadora" verá la publicidad de Epson.

Toda persona que tipee la palabra clave "ordenador" verá la publicidad de IBM.

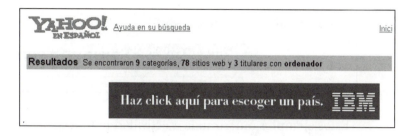

En Yahoo.com, por su parte, al tipear la palabra "computers" se verá la publicidad de IBM.

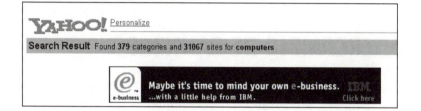

Cuando alguna persona escriba la palabra "food" verá la publicidad de Braun.

Cuando la palabra sea "flowers", podrá verse la publicidad de Flowerlink.

Ante la palabra "books" se verá la publicidad de Amazon.com.

Estos ejemplos muestran la efectividad potencial de esta publicidad, ya que es muy probable que un usuario que se encuentra en busca de libros visite una librería virtual, o que alguien en busca de computadoras visite IBM.

INTERCAMBIO DE BANNERS

Es posible también incorporarse a un plan de intercambio de banners. Mediante este procedimiento nuestra publicidad se verá en otros sitios a cambio de mostrar otras en el nuestro, y todo esto de manera gratuita. ¡Pero cuidado!, a primera vista parece ser sumamente atractivo, pero preguntémonos antes acerca del impacto que causará en el sitio, y fundamentalmente en nuestro visitante cuando se enfrente a la inclusión de la tan poco deseada y muy combatida publicidad. No lo tomemos tan a la ligera y hagamos una fuerte crítica o examen de los efectos que puede causar.

Si al término de un cuidadoso examen decidimos incorporarnos a este sistema, pues aquí van algunos interesantes sitios que ofrecen este intercambio.

En español:

Atajos Intercambio	www.xyz.com.mx/atajos/intercambio
ClickLatino	www.clicklatino.com
HispaBanners	hispabanners.hypermart.net
JopiBanner	www.jopinet.com/jopibanner
Mexico Hyperbanner	mexico.hyperbanner.net

MiniBanner	www.minibanner.cl
Pegatinas	www.pegatinas.com
Spain Hyperbanner	spain.hyperbanner.net
SpanishBanner	www.spanishbanner.com
Víncles	vincles.minim.org
Intercambio de banners Argentino	i-arg.hypermart.net

En inglés:

| LinkExchange | www.linkexchange.com |

Hemos tomado la palabra del sitio Argentino de intercambio de banners (**i-arg.hypermart.net**) para explicar la forma de funcionamiento de este sistema:

"Este sencillo sistema le permitirá obtener publicidad gratuita, lo que aumentará la cantidad de visitas en su página, aumentando al mismo tiempo el valor de la misma, a cambio de publicidad de los demás usuarios en su propia página.

El servicio es totalmente gratuito y Ud. obtendrá una publicidad en otra página, por cada dos publicidades que Ud. muestre en su página (de otras personas "socios" del sistema). Es decir, si Ud. tiene en su página 100 visitas diarias, lo que equivale a 3.000 visitas mensuales, recibirá 1.500 publicidades gratuitas en otras páginas del sistema. Pero además, Ud. no estará restringido a un banner por sitio Web, sino que podrá colocar un banner en cada una de sus páginas, multiplicando así la cantidad de publicidad que recibirá.

Para suscribirse, solamente deberá ingresar un nombre de cuenta y una clave personal. Después se le pedirá una serie de datos que deberá llenar para completar la suscripción. Una vez que haya creado su cuenta, podrá editarla y verificar las estadísticas diarias, lo que le permitirá mantener un control sobre las "exposiciones" que gane (recuerde que ganará una exposición por cada dos banners que muestre).

Recuerde que el banner deberá ser de 400x40 y sólo se admitirán páginas argentinas."

WEBRINGS

Otra interesante y útil forma de promocionar nuestro sitio es participar de los *WebRings* o Anillos Web.

Un *WebRing* es simplemente un grupo de sitios unidos por una temática en común o por un idioma en común (es habitual encontrar los *Spanish Rings* o Anillos de habla hispana). La participación en uno de estos anillos implica la inclusión en nuestra página de diferentes enlaces a los sitios que integran el grupo.

NOTA

Publicidad/servicio al usuario

Esta es una buena alternativa ya que, a diferencia del intercambio de banners, se está ofreciendo de alguna manera un servicio al visitante, quien podrá seguir encontrando información relacionada con el tema de su interés.

EJERCICIO

Realizamos una búsqueda en **www.webring.org** utilizando la palabra clave "espanol" (es importante recordar la ausencia de la ñ en estas situaciones) y entre los resultados obtenidos, nos pareció interesante mostrar el siguiente:

78 Ring Internacional De Páginas En Español (amoreterno) -- 266 sites -- List Home Random Search Ring Keywords: Español Música Historias Chat Homepages PáginasPersonales
– Description: Una súper colección de homepages en Español. Si tienes una página en Español este es el lugar para darte a conocer! Es publicidad para tu página GRATIS! En poco tiempo hemos alcanzado reunir más de 180 miembros! Por algo será no? Si tienes una página en GEOCITIES este es el lugar para anunciarla! Ringmaster: Israel Martinez Bocanegra Administrador Técnico: Perico Miembro de IWA (Internacional Webmasters Association).

Obsérvese la cantidad de sitios que integran este anillo, ¡nada menos que 266!

Puede leerse también la descripción y los administradores.

En el gráfico que sigue, puede observarse una típica barra de navegación a través de los sitios que integran un anillo temático, y más allá de la forma en que luce ésta en particular, la mayor parte de ellos incluye distintas posibilidades como navegar al sitio anterior, posterior, siguientes 5 sitios, salteos varios, home del anillo y listado completo de sitios

Al cliquear en el enlace correspondiente a "siguientes 5" puede verse la siguiente pantalla desde la cual se listan cinco sitios integrantes del anillo y desde allí el navegante se puede enlazar a cualquiera de ellos.

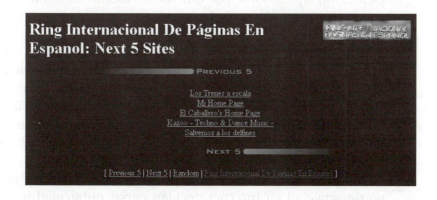

WebRings

SpanishRing	www.spanishring.com
TecnoRing	www.lanzadera.com/tecnoring
WebRing	www.webring.org

PUBLICIDAD A TRAVÉS DE E-MAIL

La tentación de enviar publicidad a través del correo electrónico sin duda es muy grande. ¡Qué medio tan económico, tan rápido, tan masivo!, hasta existen programas para obtener cientos de miles de direcciones electrónicas de todo el mundo en poco tiempo, otros que permiten enviar el mensaje de manera personalizada.

Algunas observaciones para tener en cuenta antes de hacerlo

Si existe un bien muy preciado y celosamente cuidado para el navegante, éste es la **PRIVACIDAD**. Sí, lo hemos escrito en mayúscula, porque así es el valor que el usuario de Internet le adjudica a esta palabra.

Históricamente, en los comienzos de Internet, no fueron pocas las empresas que tomaron conciencia de esto; asimismo, no escasearon aquellas que por este mismo motivo tuvieron que cerrar sus puertas: por no haber pensado con cuidado en las consecuencias que acarrearía desconocer ese valor.

Una primera idea que viene a mi mente es pensar en que la mayoría de los usuarios de Internet se conectan a través de la línea telefónica, con el consiguiente pago en su factura bimestral. De esta forma, cada mail con contenido publicitario que llega a la casilla de un navegante obliga a éste a utilizar parte de su tiempo de conexión para bajar ese mensaje. *¡Pero sólo son unos pocos segundos!,* podría alegarse.

Imaginemos que todas las empresas que desarrollan algún tipo de actividad en Internet decidan enviar publicidad indiscriminada. Seguramente colapsaría el sistema o al menos el usuario pasaría largas horas bajando mensajes con todo tipo de anuncios publicitarios (o probablemente encontraría su casilla obturada e inutilizable). Por otra parte, y aunque sólo sea un corto período de tiempo... ¿qué derecho tiene una empresa a invadir mi casillero electrónico? (Este sería un pensamiento normal del usuario tipo).

Reacciones posibles de los usuarios

Analicemos la conducta que tenemos los usuarios de Internet fuera de este medio masivo de comunicación.

-Cuando compramos el diario o PCUsers y pagamos $X por él, ¿significa que los contenidos del mismo tienen este valor? Seguramente no, es obvio pensar que estas publicaciones logran sustentarse fundamentalmente a través de la publicidad que consumimos (o no) junto con los contenidos. ¿Nos quejamos de eso? Sólo cuando el frágil equilibrio entre información y publicidad se ve alterado en forma desproporcionada.

-Cuando vemos un partido de fútbol por televisión, ese evento sólo puede ser sustentado por la publicidad que se consume junto con él (¿a Ud. no le da un poquito de bronca que el equipo de sus amores luzca la publicidad de una conocida marca de cerveza?), lo mismo sucede con una película, una serie o cualquier programa que veamos en este medio. ¿No nos sentimos invadidos por la publicidad cuando simplemente caminamos por las calles o manejamos por los caminos con el automóvil? Sin embargo, ¿nos quejamos? Ya forma parte de las reglas de juego de esta sociedad.

La pregunta sería entonces: ¿por qué nos quejamos tanto de la publicidad en Internet?

Ensayemos algunas respuestas:

Queda claro que la privacidad es un bien muy preciado para los usuarios de la Red; así, podría pensarse que la recepción de publicidad vía e-mail (una de las tantas formas) atentaría contra esta privacidad porque nos obliga a invertir una cierta cantidad de tiempo = ancho de banda = dinero, en algo que nosotros no hemos solicitado. De la misma manera, cuando llegan publicidades vía correo tradicional, están ocupando tiempo personal (que a la larga puede ser traducido en dinero); sin embargo no ponemos el grito en el cielo, simplemente le damos una mirada, y si no nos interesa, la rompemos y al tacho de basura. ¿Una conducta similar podría ser tomada ante el e-mail no solicitado?

"Pero me llega publicidad de cualquier cosa que nada tiene que ver con mis intereses", podría aducirse.

Aquí entramos en un punto álgido. La práctica del envío de e-mails en forma indiscriminada es condenable.

Denominamos indiscriminado al mail enviado sin un target predefinido y habiendo obtenido las direcciones electrónicas con metodología violatoria de los servidores o ISP's.

Ahora bien, ¿qué sucedería en la siguiente situación?:

Una empresa se toma el trabajo de obtener direcciones electrónicas por medios lícitos, con un target predefinido, por ejemplo, los usuarios que participan del newsgroup destinado a las mascotas, a quienes se les envía una publicidad de alimento canino, pero que además les ofrece la posibilidad de solicitar, mediante la simple maniobra de replicar dicho mensaje, que se detenga el envío de publicidad. ¿Podemos considerar esto como violación de la privacidad?

Quien así lo considere, también debiera evaluar que, sin esta posibilidad, muchos de los servicios/productos de los cuales disfruta debería pagarlos (opción factible sólo para aquellos para quienes el dinero no sea un tópico crucial en estos tiempos) y, por otro lado, ese usuario del newsgroup de mascotas podría encontrar alguna publicidad de su interés.

Sea como fuere, el hecho es que junto con el e-mail ha nacido un económico medio a través del cual publicitar productos y servicios, y con él comparte buenas y malas prácticas.

Spam

A través de este sistema se envía publicidad no solicitada, sin un target específico y habiéndose obtenido las direcciones electrónicas violando sistemas informáticos o usándolos con falsos encabezados y direcciones electrónicas.

En los comienzos, esta práctica no era molesta, ya que sólo se recibían dos o tres mensajes cada dos o tres semanas. A partir del año 1996, esta actividad se popularizó y comenzaron a cometerse los abusos descriptos, y además, quienes recibían estas publicidades empezaron a sufrir el envío de material pornográfico, lo que produjo el justificado enojo de la gente. En este tiempo se acuñó el término "spam", tomado de una comedia del grupo Monty Python.

Uce (Unsolicited Commercial Email)

Caracterizado por un target específico, cuyas direcciones han sido conseguidas con sanas y legales maniobras (bulk e-mail) y que además ofrecen la posibilidad de suspender el envío de mensajes con sólo responder el recibido. De esta manera, la privacidad está garantizada.

De todos modos, y aun utilizando medios lícitos, la experiencia indica que usted recibirá alguno que otro disgusto, ya que ciertos usuarios pueden quejarse acerca de la invasión de su privacidad, porque deben ellos enviar un mail para suspender el envío del mail no deseado.

PUBLICIDAD SEGURA

Un método seguro para evitar todo tipo de problemas relacionados con la violación de la privacidad es colocar dentro del tradicional formulario que suele incluirse en los sitios, una opción a través de la cual el usuario solicite voluntariamente la publicidad del sitio en cuestión. Es claro que la cantidad de gente a la que le enviaremos nuestro mensaje se verá reducida, ya que nos limitamos sólo a quienes nos visiten.

Algunos ejemplos

Veamos algunos anuncios publicitarios recibidos en el último tiempo (por razones obvias hemos modificado todo tipo de referencias o nombres que expongan a las empresas y receptores):

Nota: las faltas de ortografía obedecen al folclore típico de la práctica en el envío de mensajes.

Subject: CREDITOS E INVERSIONES HIPOTECARIAS
Date: Tue, 13 Apr 1999 21:51:05
From: José Perez <jperez@net.com.ar>
To: ffeld@datamarkets.com.ar

Ponemos a su disposición nuestra linea de créditos hipotecarios para fines diversos, ej. Compra
de inmuebles para vivienda o comercial, refacciones o ampliaciones, automotores, negocios,
refinanciacion de pasivos etc.
· Al mismo tiempo ofrecemos a inversores nuestros servicios para la ubicación de capitales con
fin a inversiones con garantía hipotecaria.
Para mayor información visite nuestro site http://www.empresa.com.ar
NOTA: Si la información contenida en este EMail no es de su interes le rogamos nos sepa
disculpar reenvielo sin subject y sera eliminado de nuestra lista para futuras comunicaciones.
GRacias por su atención.

En este primer caso, yo he sido el receptor.

En un primer momento la tendencia es a pensar que evidentemente quien ha generado esta publicidad ha levantado una indiscriminada lista de direcciones electrónicas y posteriormente efectuó el envío del mensaje, ya que nada más alejado de mi interés que solicitar algún tipo de crédito o inversión económica.

También puede pensarse que cualquier persona puede estar interesada en estos servicios (demasiado ¿no?).

Tal vez una conducta algo más moderada hubiera sido obtener direcciones electrónicas de usuarios que participan en foros, grupos y listas de correo relacionadas con tópicos económicos (por medios lícitos, por supuesto).

De todos modos, debe destacarse un cierto respeto en términos de las disculpas solicitadas, así como también en la opción de pedir la suspensión del envío.

Veamos un segundo y simpático ejemplo que además nos muestra que Internet da para todo:

Subject: UN REGALO DIFERENTE - DESAYUNOS ARTESANALES

Date: Fri, 9 Apr 1999 05:08:37 -0300
From: "desayunos artesanales" <<u>breakfast@usa.net</u>>
To: "jose" <<u>jose@net.com.ar</u>>

****
******
Ante nada le pedimos disculpas por este mail no solicitado, pensamos que es de su interes, de no querer seguir recibiendo esta informacion, por favor contestar a este mensaje con OUT en el Subject. Le comentamos que su dirección es obtenida por medio de una lista de distribución o recomendación de un conocido

****
****
Si estas pensando en agasajar a un amigo, compañero de trabajo, tu pareja, tu jefe, tus padres, hijos o a quien quieras ...
Sorprendelo regalandole
uno de nuestros
exquisitos desayunos.-
Llamanos YA, nosotros nos encargamos del resto

...

****

A continuación se detalla el menú y los precios. Desde ya agradecemos tu atención y aguardamos tu pedido

MENU

Classic:

* Té (3 gustos)
* Cappuccino
* Ensalada de Frutas
* 3 medialunas
* Tostadas
* Mermeladas artesanales (2 gustos)
* Manteca
* Jugo de frutas

Servido en bandeja patinada de madera o mimbre (a elección)
El precio incluye la vajilla y un regalo sorpresa que varía según el destinatario
Precio del desayuno Classic: $ 25.-

****

Argentine Breakfast:

* Mate o Mate cocido
* 3 medialunas
* Tostadas
* Manteca
* Mermeladas artesanales (2 gustos)
* Dulce de leche
* Bizcochos
* Panecillos
* Galletas dulces

Con el mejor estilo de campo; servidos en bandeja de mimbre o de madera

El precio incluye la vajilla y un regalo sorpresa que varía según el destinatario

Precio Argentine Breakfast: $ 30.-

****

Young:

* Té (3 gustos)
 * Cappuccino
* Yogurt con cereales
* 2 medialunas con jamón y queso
* Ensalada de frutas
* Tostadas
* Manteca
 * Mermeladas artesanales (2 gustos)
* Dulce de leche
* Panecitos y bocaditos salados
* Jugo de frutas

Servido en bandeja patinada de madera o mimbre (a elección)
El precio incluye la vajilla y un regalo sorpresa que varía según el destinatario

Precio del desayuno Young: $ 35.-

****

Valentine Breakfast:

* Té (3 gustos)
* Cappuccino
* Bombones de chocolate
* Bombones frutales
* Brownies
* Sandwiches de miga
* Jugo de frutas

Servido en bandeja patinada de madera o mimbre (a elección), con individual y servilleta, envuelto en papel de seda y moño de raso, acompañado con poemas alusivos.-

El precio incluye la vajilla y un regalo sorpresa que varía según el destinatario

Precio Valentine Breakfast: $ 40.-

****

Gold Breakfast:

 * Té (4 gustos)
* Cappuccino
* Tostadas
* Manteca
* Mermeladas artesanales
* Masas Secas
* Brownies
* Palmeritas
* Alfajorcitos de Maicena u Hojaldre
* Ensalada de frutas
* Jugos de frutas

Servidos en bandeja plateada con finísima vajilla y mantelería de hilo

El precio incluye la vajilla y un regalo sorpresa que varía según el destinatario

Precio Gold Breakfast: $ 50.-

****

Platinum Breakfast:

* Té (5 gustos)
* Cappuccino
* Tostadas
* Manteca
* Mermeladas artesanales

* Masas finas
* Brownies
* Petit fours
* Alfajorcitos de hojaldre
* Sandwiches de miga
* Medialuna de jamón y queso
* Ensalada de frutas
* Jugos de frutas

Servidos en bandeja plateada con finísima vajilla y mantelería de hilo

El precio incluye la vajilla y un regalo sorpresa que varía según el destinatario

Precio Platinum Breakfast: $ 70.-

****

Brindis Premium:

* Champagne
* Café
* Masas Finas
* Bombones
* Bocadillos salados

Servido en Balde de Metal Plateado o Acrílico.-

El precio incluye el balde, las 2 copas de champagne, las tazas de café.-

Los precios varían según el champagne (Chandon Extra Brut, Rosado, Demi Sec; Mumm Extra Brut, Cuvee Extra Brut, Cuvee Demi Sec; Baron B)

Precios entre $ 60 y $ 100.-

****

Banners 4

PRECIOS POR PERSONA Y PARA DOS

*CLASSIC: p/pers. $ 25.-; para 2: $ 35.-
*ARGENTINE: p/pers. $ 30.-; para 2: $ 45.-
*YOUNG: p/pers. $ 35.-; para 2: $ 50.-
*VALENTINE: p/pers. $ 40.-; para 2: $ 55.-
*GOLD: p/pers. $ 50.-; para 2: $ 70.-
*PLATINUM: p/pers. $ 70.-; para 2: $ 90.-

****

Se hacen entregas los fines de semana; pero siempre hay que hacer el pedido con 48 hs. de anticipación.-
Todos los precios incluyen el envío a domicilio. Nosotros llegamos a cualquier punto de la
Capital Federal. En caso que sea en Provincia se adicionan $ 10.-

****

CONSULTA TAMBIEN POR DESAYUNOS EN GRANDES CANTIDADES Y POR LOS
DESAYUNOS PARA OCASIONES ESPECIALES (DIA DE LA NOVIA, DIA DE LOS
ENAMORADOS, DIA DE LA SECRETARIA, NAVIDEÑOS, ETC.)

****
***
Una vez más le agradecemos la atención prestada a este mail y le pedimos disculpas si no es de su interés, recordándole que no volverá a recibir futuras publicidades, y aguardamos tu pedido a los Teléfonos: xx-xxxx-xxxx o bien vía
e-mail:breakfast@usa.net

¿Asombrado, no?

Sí, también así me sentí cuando lo recibí. Pero detengámonos en algunos detalles.

¿Qué es lo primero que llama la atención? La extensión del mail y su consiguiente peso en k's.

Si hemos tomado la decisión de utilizar esta metodología, procuremos que el mensaje sea lo más breve posible. En todo caso, ofrezcamos la posibilidad de ampliar la información a solicitud expresa del destinatario.

Detengámonos por un instante en el campo

To: "jose" jose@net.com.ar, si bien he cambiado el nombre del destinatario, sin duda ése no soy yo, a pesar de que llegó a mi casilla.

Podemos entonces suponer que este mensaje ha sido enviado a un grupo de personas utilizando la herramienta BCC (Blind Carbon Copy), es decir un listado invisible para el receptor pero que muestra un destinatario original. Si hemos resuelto utilizar este método, no personalizado, coloquémonos a nosotros mismos como destinatario original, ya que de esta manera no estamos enviando información confidencial (al fin y al cabo, ¿qué derecho nos asiste de divulgar la dirección electrónica de uno de nuestros destinatarios?).

Veamos un último ejemplo, para comprender lo que definitivamente no debe hacerse.

Este es el mail recibido:

Banners 4

Subject: CELULAR STARTAC V3620 (EL MAS CHICO) OFERTA!!!

Date: Sun, 18 Apr 1999 04:28:51 -0300

From: "telef@isp.com" <telef@isp.com>

To: "'fshf@iiii.com'" <bckz@iiii.com>, "'jklfhjdfv@puntoar-.com'"   <jkhvdfhdlvh@pyui.com>,   "'giob@pfsfggr.net.ar'" <hjhfjlsdhha@puntoar.net.ar>,   "'fgdr@interprov.com'" <gfhdfhz@interprov.com>, "'ferzo@inea.com.ar'" <fggdd@inea-.com.ar>,   "'ferr@acreativa.com.ar'"   <ewewe@ggdh.com.ar>, "'ferr@hcddip.gov.ar'" <ferr@hcddip.gov.ar>, "'fssf@xxx.com.ar'" <ferr@dffgh.com.ar>,   "'ferr@mum.net.ar'"   <fgvddg@mum.ne-t.ar>, "'fsdrf@hil.com'" <ffgdf@hil.com>, "'fawdrg@citu.com.ar'"

<xxx@ffrgthy.com.ar>, "'fwseft@asedft.com.ar'" <fwseft-@asedft.com.ar'>, "'wwww@zsderfgg.inst.ar'" <fespirez@star-net.inst.ar>, "'ffasciolo@assa.com.ar'" <ffciolo@assa.com.ar>, "'sdrft@ketsxozs.com.ar'" <sdrft@ketsxozs.com.ar'>, "'ffcrepo-@teletel.com.ar'" <fwseft@asedft.com.ar'>, "'ffexld@datamar-kets.com.ar'" <ffexld@datamarkets.com.ar>, "'ffnelli@movi.co-m.ar'" <wwww@zsderfgg.inst.ar'>, "'ffmica@infomatic.com.ar'" <fwseft@asedft.com.ar'>, "'fwseft@asedft.com.ar'" <fgaitan-@movi.com.ar>, "'sdrft@ketsxozs.com.ar'" <fgara@datamar-kets.com.ar>, "'wwww@zsderfgg.inst.ar'" <fgafalo@unimicro-.com.ar>, "'fwseft@asedft.com.ar'" <sdrft@ketsxozs.com.ar'>, "'wwww@zsdrfgg.inst.ar'" <sdrft@ketsxozs.com.ar'>, "'perross-@quarlid.com'" <sdrft@ketsxozs.com.ar'>, "'fglaza@meyosp-.mecon.ar'" <fgoza@meyosp.mecon.ar>, "'fgmartin@x-28.com'" <sdrft@ketsxozs.com.ar'>, "'fgmez@ta.telecom.co-m.ar'" <fgomez@ta.telecom.com.ar>, "'fh@maona.com'" <fsdrft@ketozs.com.ar'>,"'fsdrft@ketszs.com.ar'" <sft@etsxozs.com.ar'>

CELSTAR IMPORTADOR DIRECTO DE CELULARES MOTORO-LA, LANZA AL MERCADO LA OFERTA MAS ESPERADA:

MOTOROLA V3620 EL CELULAR MAS PEQUEÑO DEL MUN-DO
A SOLO $ 680.- (INCLUYE IVA)

LLAMENOS AHORA MISMO AL 4xxx-xxxx o envie un E-MAIL: telef@isp.com

INCLUYE: VibraCall(TM) discreet alert; VoiceNote(TM) recor-der and
integrated digital answering machine y mucho mas....

Oferta por tiempo limitado.

En el campo **to**: hemos ocultado detrás de signos ininteligibles las direcciones electrónicas de los receptores por motivos obvios, pero créame que esa era la cantidad de usuarios a los que se mandó este mensaje, ordenados alfabéticamente, lo que indicaba claramente lo indiscriminado del target, que seguramente había sido conseguido a través de alguno de los Cd's que se venden clandestinamente en el mercado y que contienen miles de direcciones electrónicas de usuarios.

En primera instancia, éticamente se está cometiendo el error de distribuir direcciones electrónicas de usuarios, violando su privacidad (¡¿qué derecho le asiste a quien remite el mensaje de enviar en progresión geométrica mi e-mail?!).

En segundo término, cuando enviemos un mensaje a múltiples receptores utilicemos la opción BCC (copia carbónica ciega) o equivalente, a fin de no exponer a todo el mundo la dirección de los receptores.

En tercer término, obsérvese que la extensión de la lista correspondiente a los destinatarios es mayor que la del mensaje en sí mismo, obligando a quien recibe el mensaje a bajar una cantidad de información definitivamente inútil (al fin y al cabo, ¡¿quién paga la cuenta telefónica?!).

Finalmente me pregunto, ¿quién lo firma?, ¿cómo hago para no recibir otra vez mensajes provenientes de este remitente? (¿los recibiré?, ¿será éste enviado por única vez?).

Evidentemente, podríamos seguir mencionando otros ejemplos más y observando estrategias descuidadas. Entre ellas me han llamado poderosamente la atención aquellas publicidades que remiten a un sitio web cuya dirección resulta ser algo así co-

IMPORTANTE

Para recalcar

Resulta inaceptable colocar un sitio en la Web perteneciente a una empresa (con obvios y sanos fines de lucro) que no tenga su propio dominio: www.empresa.com o www.empresa.com.ar. De ninguna manera debe pensarse en ser parte de otro dominio, queda esta opción como una válida para las páginas personales y sin fines de lucro, como también la posibilidad de alojar el sitio en un servidor gratuito (Geocities, Tripod, Starmedia, etc.).

Banners

4

mo **www.proveedor.com/empresa**, es decir, un subdirectorio de la empresa que aloja el sitio, habitualmente un proveedor de conexión a Internet (ISP – *Internet Service Provider*).

Aunque tal vez resulte más que obvio, no quiero dejar de mencionar que debemos abstenernos de enviar cualquier tipo de publicidad que contenga un archivo adosado, porque no haremos más que despertar la ira del receptor sin importar cuán útil pueda resultar la información incluida. Esta opción sólo será válida previo explícito acuerdo entre emisor y receptor.

NOTA

Uso del e-mail responsable y respetuoso

En definitiva, las estadísticas muestran que el envío indiscriminado de e-mails ha aportado un bajísimo porcentaje de éxito. De manera tal que, si decidimos comunicarnos con los usuarios de la Red, hagámoslo de manera responsable y respetuosa, a pesar del mayor trabajo que esto implica.

En síntesis:

Para promocionar nuestro sitio, disponemos de las siguientes conductas a tomar:

- Prudente y seria utilización de la palabra gratis
- Sorteos
- Banners (patrocinio de palabra clave, intercambio, etc.)
- Intercambio de links
- Publicidad a través de e-mail (responsablemente)
- Registro del sitio en buscadores (manual, a través de sitios o software para registro masivo)

PROMOCIONAR EL SITIO EN LA WEB

Una buena descripción y un conjunto de palabras clave apropiadas, ayudarán a que el sitio se encuentre indexado en los principales buscadores e incluso a estar "rankeado" en la mejor posición posible, de manera que entre los resultados que se obtengan el navegante se decida por el nuestro.

Aprendamos a registrar nuestro sitio mediante la inclusión manual, a través de software o de sitios especializados.

5

PRESENCIA DEL SITIO EN LOS BUSCADORES

Su sitio está listo para ser puesto en línea, y una vez que esto suceda comienza una nueva etapa. La tarea de colocar la información adecuada, con el balance exacto entre texto, imágenes, peso de archivos, sobrio diseño, buena dinámica de navegabilidad, etc., ha terminado y debemos dedicarnos a dar a conocer nuestro mensaje.

Esta etapa es similar al momento en que abrimos un negocio en la realidad. Subimos la persiana el primer día, y es probable que solo algún curioso que ocasionalmente pase por nuestra puerta ingrese y en el mejor de los casos compre algo, pero un mundo de potenciales clientes quedará al margen de nuestro alcance. De alguna manera debemos darnos a conocer. Al principio, y suponiendo que los recursos económicos para publicitarnos sean escasos, seguramente optaremos por imprimir algunos volantes que serán entregados por un empleado en la esquina y de esta manera algunas personas más, de las cuadras circundantes, se enterarán de nuestra existencia.

Luego, y esperando un sostenido crecimiento, podremos incrementar la exposición a través de publicidad en otros medios como revistas, periódicos, gráfica en la calle, radio, televisión, etc., para los que obviamente se requiere mayor inversión de dinero.

Pues bien, en la Web pasan cosas parecidas, pero también se dispone de formas de promoción muy particulares de este nuevo medio, y muchas de ellas son gratuitas o de bajo costo.

METATAGS

Antes de publicar el sitio, es decir, subirlo desde la computadora local al servidor al que podrá acceder cualquier usuario de Internet en el mundo, las 24 hs. del día, no olvidemos hablar con el diseñador acerca de la inclusión de los metatags o etiquetas meta.

Promocionar el sitio en la Web 5

NOTA

Definición

Los *metatags*, como habitualmente se los conoce, son pequeñas instrucciones que van incluidas dentro de determinados documentos pertenecientes al sitio, invisibles a los ojos de los visitantes (a menos que se acceda a ellos a través de la opción de "ver código fuente" que tienen los browsers) y que servirán a algunos buscadores para indexar el sitio de manera adecuada.

¿Y qué son los buscadores? ¿Y cuál es la información que debe incluirse en los metatags? Y…

¡¡Calma!!, ¡¡calma!!

Un buscador es un sitio en la Web, pero con una función específica, que es la de indexar millones de sitios, ofreciendo al visitante una interfaz lo suficientemente amigable como para encontrar la información buscada. De esta manera, podrán ingresarse palabra/s claves y obtener como resultado las direcciones correspondientes a los sitios donde podremos hallar la información deseada.

Existen miles de buscadores (entre pequeños, medianos, grandes, en diferentes idiomas, especializados y generales). Ninguno de ellos indexa la totalidad de los sitios en la Web; ésta es una tarea absolutamente imposible e inútil. Por las mismas razones, ningún sitio está indexado en la totalidad de los buscadores.

Cada buscador tiene sus propios métodos de indexación y es por eso que es muy importante colocar los metatags ya que muchos de ellos los utilizan para incluir sitios en las categorías correctas.

NOTA

Definición

Indexar: método por el cual los buscadores y directorios catalogan los sitios a incluir en sus bases de datos, de modo que el usuario que los consulta puede hallar la información a través de palabras o frases claves (las que se relacionan íntimamente con las colocadas en los metatags) y obtener como resultado la dirección o URL a la que debe dirigirse.

Básicamente, los dos metatags más importantes son:

```
<meta name="description" content=>
<meta name="keywords" content=>
```

Sí, sé que prometí no mencionar aspectos técnicos, pero ésta será una de las excepciones, ya que usted deberá proveer información importante para que estas instrucciones sean útiles.

En el metatag correspondiente a "description" (descripción), resuma en unas 25 o 30 palabras el propósito del sitio.

En el metatag correspondiente a "keywords" (palabras clave) seleccionemos palabras o frases asociadas con el objetivo del sitio. Podemos utilizar tantas palabras como consideremos necesario.

Un ejemplo

Supongamos que el sitio esté dedicado al turismo, específicamente a un hotel en la ciudad de Mar del Pata.

Podríamos utilizar el siguiente juego de etiquetas:

```
<meta name="description" content="hotel cinco estrellas situado en la ciudad de Mar del Plata con el máximo confort que incluye piscina baño privado cocina internacional">
<meta name="keywords" content="hotel, mar del plata, turismo, piscina, confort, hotel cinco estrellas, costa atlántica, turismo en Argentina>
```

Para seleccionar las palabras clave, nada mejor que colocarse en la piel del usuario que ha de visitarlo.

Imaginémonos ser un usuario, ¿qué palabras usaríamos para buscar la información que estamos por colocar en línea?

Aquí van algunas sugerencias desde el punto de vista técnico:

• **Plural:** de esta manera abarcaremos al usuario que las tipee en singular también.
• **Diversidad:** utilicemos sinónimos, ya que no todos piensan de la misma manera en que nosotros lo hacemos.
• **Tamaño**: evitemos las palabras de menos de cuatro letras (algunos buscadores no reportan hallazgos) y/o aquellas que son de significado demasiado amplio.

Por ejemplo, si la empresa se dedica a una actividad relacionada con los casamientos, específicamente a la organización de fiestas en general, podríamos generar las siguientes palabras clave: casamientos, organización de casamientos, salones de fiestas, cattering (es una buena posibilidad).

• **Ortografía**: revisar una y otra vez, es muy común cometer errores ortográficos.
• **Frases**: no solo palabras simples pueden usarse en el metatag description. Tal como puede verse en el ejemplo, hemos echado mano a alguna combinación de palabras también. La mayoría de los buenos buscadores utilizan dos o más palabras para evitar resultados inmanejables (cuántas veces hemos obtenido como resultado 345.678 documentos hallados... De esta manera, si nuestro sitio se refiere a venta de inmuebles, particularmente en la costa atlántica, podríamos colocar como palabras clave "inmobiliaria en la costa atlántica" o inmuebles en costa atlántica, y para no olvidar los sinónimos, "casas en la costa atlántica", "propiedades en la costa atlántica".

Sugerencias

A pesar de la corta historia de la Web, largas son aquellas que relatan las trampas y picardías de los administradores de sitios en materia de utilización de palabras clave engañosas. Sin embargo, existen otros "trucos" lícitos y recomendables que a continuación relataremos.

Mentiras con patas cortas

Es muy conocido en Internet, de acuerdo a estadísticas, que entre las palabras clave que suelen ser colocadas para realizar una búsqueda se encuentran "sexo" / "sex", "erótica", "pornografía", etc. Durante mucho tiempo, los webmasters colocaron en el correspondiente metatag este tipo de palabras. De esta manera, aquellos usuarios que las tipearan, encontrarían el sitio entre los hallazgos.

Pero imaginemos al usuario que, habiendo colocado estas palabras, llegara de alguna manera u otra a un sitio sin relación alguna con el tema solicitado. En el mejor de los casos, se obtendrían unos pocos segundos de permanencia en el mismo, ya que provocaría el enojo del usuario al sentirse engañado. Bueno, la famosa frase de "la mentira tiene patas cortas" puede tener una nueva aplicación en este campo.

NOTA

¡¡Sexo!!
De todos modos y, ante el abuso de esta política, prácticamente todos los buscadores y directorios penalizan esta conducta.

El tag \<TITLE\> y \<ALT\>

Existen dos tags o etiquetas que habitualmente se insertan en los documentos html y que muchos buscadores y directorios toman como referencia para la indexación del sitio.

El tag \<TITLE\> que habitualmente es mostrado en la parte superior e izquierda del navegador (Barra de títulos), puede ser portador de una frase significativa para el documento, y que a la vez contenga alguna palabra clave.

Lo mismo sucede con el ALT que suele ser utilizado para colocar un texto alternativo para aquellos que navegan sin imágenes. Allí también podemos incorporar texto significativo y clave para su indexación.

Promocionar el sitio en la Web 5

IMPORTANTE

Para tomar nota

Los buscadores que otorgan alguna relevancia a estas etiquetas son Altavista, Exicte, Infoseek, Hotbot, Lycos. Definitivamente Yahoo no otorga ningún valor a esto.

ADD URL – INCLUYENDO EL SITIO EN LOS BUSCADORES

Ahora sí, su sitio se encuentra en condiciones de ser subido (upload) al servidor.

Básicamente existen 3 formas de incluir el sitio para que sea indexado por los buscadores o directorios:

- Inclusión manual
- Inclusión a través de software
- Inclusión a través de sitios especializados

Inclusión manual

La mayoría de los buscadores aceptan y promueven la inclusión de nuevos sitios, ya que de esta manera engrosan su base de datos y con ello mejora y se completa el servicio ofrecido a sus visitantes.

Busquemos en ellos el enlace que suele decir "*Add URL*", "*Add a Page*", "Agregar Sitio" o alguna frase similar, la cual suele estar ubicada en la parte inferior de la página de inicio, generalmente en modo texto.

Cuando los hayamos cliqueado, encontraremos algún tipo de formulario que deberemos completar, generalmente con la dirección o URL del sitio a registrar, la dirección electrónica del responsable del sitio, y otros datos adicionales que varían de acuerdo con los requisitos particulares de cada buscador o directorio.

Veamos algunos ejemplos:

En Altavista www.altavista.com

AltaVista Home | Help | Feedback | Advertising Info | Set your Preferences | Text-Only Version
COMPAQ | Disclaimer | Privacy | Our Search Network | About AltaVista | Add a Page

En Excite www.excite.com

PAL Instant Paging Excite Direct Bookmark Excite Add URL Newsgroups Power Search
Global Excite: Australia Chinese France Germany Italy Japan Netherlands Sweden U.K.

En Infoseek www.infoseek.com

About Infoseek | Advertise on Infoseek | Add URL | Infoseek clicks | Intranet Software | Jobs@infoseek

En Gauchonet www.gauchonet.com.ar

Algunas sugerencias

Optemos por la inclusión manual del sitio en los principales buscadores:

Yahoo, Altavista, Infoseek, Hotbot, Webcrawler, Lycos, Excite.

La experiencia ha demostrado que la mayor parte de las visitas provenientes de buscadores y directorios se realiza desde aquí, y fundamentalmente procuremos incluir el sitio en Yahoo, ya que de éstos, es el que más tráfico generará.

Promocionar el sitio en la Web 5

IMPORTANTE

Las cifras apoyan esta afirmación

De acuerdo con las últimas estadísticas (MediaMetrix: www.mediametrix.com) de los distintos buscadores, Yahoo ocupa el tercer lugar como sitio más visto en materia de computadoras de uso hogareño, mientras que en el rubro de computadoras de uso laboral ocupa el primer puesto. Combinando hogareño y laboral, ocupa el segundo puesto.

Directorios y buscadores

Hagamos un breve paréntesis aquí para explicar la diferencia que existe entre buscadores y directorios.

Un directorio es una base de datos que ofrece un sistema de búsqueda adicional a través de categorías y subcategorías.

Un ejemplo de este sistema es Yahoo en donde el usuario puede colocar su palabra clave en la página inicial u optar por navegar entre las distintas categorías y subcategorías.

Un buscador simplemente es una base de datos que puede consultarse sólo a través de la inclusión de palabra/s clave desde su página de inicio, sin ofrecer otro método de búsqueda.

Es importante aclarar que muchos de los buscadores han comenzado últimamente a ofrecer una cierta posibilidad de búsqueda a través de categorías, pero aun así, su forma principal continúa siendo la tradicional inclusión de la palabra clave en la Home Page o página de inicio.

Registro a través de software

Existen numerosos programas que permiten registrar el sitio de forma masiva en cientos de buscadores y en una sola maniobra.

La idea general es completar un formulario de datos, luego seleccionar los buscadores y directorios de destino entre una cantidad importante, y luego realizar el envío masivo.

Una buena táctica sería enviar manualmente los datos a los principales buscadores y luego utilizar uno de estos programas para el envío masivo a otros de menor o relativa importancia seleccionados del listado ofrecido.

Entre los más conocidos se encuentran el Exploit Submission Wizard **www.exploit.net/wizard/index.htm** y el AddWeb **www.cyberspacehq.com/home.htm**.

Exploit Submission Wizard

Veamos el funcionamiento del Exploit, como representativo de este tipo de programas.

Retomando el ejemplo del hotel mencionado anteriormente, veamos cómo quedarían incluidos los datos en la pestaña correspondiente a "*Site Information*" (información del sitio)

Obsérvese que hemos ingresado los datos tradicionales correspondientes a nombre y apellido del responsable, dirección electrónica, título del sitio, URL o dirección, una categoría que hemos seleccionado de un menú desplegable a través de la flecha que se encuentra en el extremo derecho de "*category*", descripción del sitio (la misma que utilizamos en el metatag "description"), palabras clave (las mismas utilizadas en el metatag "keywords"), nombre formal de la empresa, dirección física o postal, ciudad, provincia, teléfono, código postal, país, fax.

Promocionar el sitio en la Web

Luego cliquearemos en la pestaña "Submit Site Information"

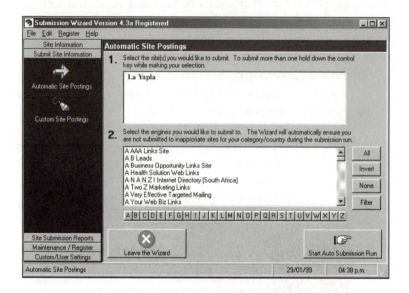

Obsérvese que es posible acceder al envío del sitio a dos tipos de buscadores, aquellos que aceptan la información sin requerir ningún dato adicional (*Automatic Site Postings*), y otros que sí lo precisan *(Custom Site Postings)*.

- En el modo *Automatic Site Postings*, tomémonos un tiempo para leer los nombres correspondientes a cada uno de ellos, y de acuerdo a nuestra intuición (en el recorrido se dará cuenta por qué le digo esto) seleccionemos los más apropiados (para seleccionar múltiples buscadores mantengamos presionada la tecla Ctrl mientras los marcamos) y luego, ya conectados a la Red, presionemos la tecla *Start Auto Submission Run*. El tiempo que demanda este proceso varía de acuerdo a muchos factores, pero sobre todo está en estrecha relación con la cantidad de buscadores seleccionada.

- Finalmente, y desde la pestaña *Site Submission Reports* podremos tener un pormenorizado informe de lo sucedido con el envío, sobre todo aquellos que se han realizado con éxito y los que por algún motivo han fallado.

Registro a través de sitios

Otra buena opción para registrar masivamente nuestro sitio es a través de aquellos que ofrecen esta posibilidad. Básicamente, éstos ofrecen un sistema similar al de un programa como el Exploit que hemos descripto, sólo que esta vez lo haremos desde una página en la Web. Esto implica tal vez un mayor tiempo de conexión y el registro en una menor cantidad de buscadores (a menos que se pague una tarifa, ya que la mayoría de estos servicios ofrecen una alternativa paga que apunta a una mayor amplitud en cuanto al número de buscadores a registrar).

En español:

Atajos-Auto-Registralo	www.enter.net.mx/xyz/atajos/autoregistralo.html
Dejar Huella	www.lpis.com/huella
Director de Cinfonet	www.cinfonet.com/director/alta.htm
MEGA-REGISTRO	www.megapolis.net/alta
Promuevete	www.yuppi.com.ve/promocion
SpanishSubmit	www.spanishbanner.com/submit

En inglés:

Add it!	www.liquidimaging.com/submit
Submit Away	www.submit-away.com
SubmitIt!	www.submit-it.com
Easy —Submit	www.the-vault.com/easy-submit
Internet Promotion Megalist	www.2020tech.com/submit.html

YAHOO, UN CASO ESPECIAL

Este directorio ha sido uno de los primeros (tal vez el primero) en ordenar los sitios que comenzaban a publicarse en la Red. Esta virtud lo ha transformado en uno de los más consultados por los usuarios de Internet en el mundo, y es primordial ser indexado por este buscador.

El problema radica en que este directorio indexa los sitios de manera diferente que el resto.

Mientras que en buscadores como Altavista, Hotbot, Infoseek, etc., una máquina se encarga de realizar estos procesos, en Yahoo, cada dirección remitida es revisada por un equipo de "surfers" o navegadores (seres humanos) que lo analizan y deciden si

Promocionar el sitio en la Web **5**

será o no incluido, es decir que todas las maniobras descriptas (inclusión de los metatags) no tienen ningún valor para Yahoo.

PASO A PASO

Inclusión de un sitio en Yahoo

Veamos una forma de inclusión aplicada a nuestro ejemplo:

1. De las categorías disponibles, debemos regionalizar la inclusión, es decir, elijamos la categoría Regional, la subcategoría Countries

Arts & Humanities Literature, Photography...	**News & Media** Full Coverage, Newspapers, TV...
Business & Economy Companies, Finance, Jobs...	**Recreation & Sports** Sports, Travel, Autos, Outdoors...
Computers & Internet Internet, WWW, Software, Games...	**Reference** Libraries, Dictionaries, Quotations...
Education Universities, K-12, College Entrance...	**Regional** Countries, Regions, US States...
Entertainment Cool Links, Movies, Humor, Music...	**Science** Biology, Astronomy, Engineering...
Government Military, Politics, Law, Taxes...	**Social Science** Archaeology, Economics, Languages.

2. Ingresaremos en un listado de todos los países, donde cliquearemos Argentina.

- **Afghanistan** *(48)*
- **Albania** *(22)*
- **Algeria** *(13)*
- **Andorra** *(30)*
- **Angola** *(14)*
- **Antigua and Barbuda** *(72)*
- **Argentina** *(1328)* NEW!
- **Armenia** *(80)* NEW!
- **Australia** *(29133)* NEW!
- **Austria** *(905)* NEW!
- **Azerbaijan** *(42)*

- **Liechtenstein** *(29)*
- **Lithuania** *(165)* NEW!
- **Luxembourg** *(153)* NEW!
- **Macedonia, Former Yugoslav Rep of** *(114)*
- **Madagascar** *(10)*
- **Malawi** *(8)*
- **Malaysia** *(2878)* NEW!
- **Maldives** *(51)*
- **Mali** *(4)*
- **Malta** *(222)*

3. Luego cliqueamos en la subcategoría Travel

- **Arts and Humanities** *(43)* NEW!
- **Business and Economy** *(302)*
- **Computers and Internet** *(23)*
- **Country Guides** *(5)*
- **Education** *(58)*
- **Entertainment** *(11)*
- **Environment and Nature** *(1)*
- **Government** *(47)*

- **Health** *(12)*
- **News and Media** *(42)*
- **Recreation and Sports** *(51)*
- **Reference** *(5)*
- **Science** *(9)*
- **Social Science** *(5)*
- **Society and Culture** *(28)*
- **Travel@**

PASO A PASO

4. Luego la subcategoría Lodging

- **Companies@**
- **Destination Guides** *(5)*
- **Lodging@**
- **Pictures** *(1)*

5. Observemos que en este momento podemos visualizar algunos hoteles que ya han sido incluidos, esto nos da la pista de que estamos bien orientados. Seleccionamos entonces "Suggest a Site"

- Central de Reservas de la República Argentina - search for and make reservations at hotels across Argentina; site is in Spanish, English and Portugese.
- El Loft del Viejo Palermo - the perfect place for your cultural, social or business event. In the heart of Palermo Viejo in Buenos Aires, Argentina.
- Estancias Argentinas - info about various Argentine ranches.
- Gran Hotel Fontainebleau - in San Clemente del Tuyú.
- Hostelling International Argentina
- Hotel Hosteria Posta Carretas - excellence in hotel services in Buenos Aires, Argentina.
- Italia Hotel Romanelli
- José De Santis - Turismo en Estancias - browsable directory of Argentinian farms and ranches that offer lodging akin to bed and breakfasts. Site is in English, Spanish, and Italian.
- Los Notros - The only hotel facing one of the most spectacular natural scenarios left in the world. The P Glacier, part of The Glaciers National Park.
- Red Argentina de Alojamientos para Jovenes - RAAJ offers information on this network of hostels in A¡ for young travelers or backpackers.
- Rochester Hotel Buenos Aires - with traditional English style, located in the very center of Buenos Aires

t our list of the 50 Most Useful Sites of 1998. Click Here.

Copyright © 1994-99 Yahoo! Inc. - Company Information - Suggest a Site - FAQ

6. Esta primera página explica una serie de instrucciones para incluir el sitio. Luego de leerlas y cliquear en el botón Proceed to Step One, comenzará el proceso de ingreso de datos, como título del sitio, URL o dirección, descripción, dirección e-mail del responsable del sitio, etc.

Suggest a Site

The following form is for suggesting sites to the Yahoo! directory.

- If your site is already listed in Yahoo! and you would like us to make changes, please use the change form.
- If you are suggesting a chat area, scheduled chat or live broadcast, including audio or video, please submit directly to Yahoo! Net Events.

Please verify the following before you proceed:

- You have read the brief explanation of how to suggest a site to Yahoo!.
- You have searched the directory and confirmed that your site is not already listed in a Yahoo! cate¡
- You have found an appropriate category for your site. (If you haven't already done so, please read explanation for help finding that category.)
- You have clicked on the "Suggest a Site" at the bottom of the page from the category you think mo

If you answer "Yes" to all of the above, then please:

Proceed to Step One

Promocionar el sitio en la Web 5

OTRAS FORMAS DE PROMOCIÓN

Figurar en los principales buscadores es sólo el principio de esta importante "movida". No podemos confiar en esta única maniobra, y debemos conseguir por todos los medios generar tráfico en nuestro sitio.

Intercambio de enlaces

El intercambio de links o enlaces suele ser una excelente herramienta de promoción del nuevo sitio.

Quienes lo visiten desean ver una imagen de alguien que conoce sobre el tema y así debe ser también en Internet; es decir, que se supone que debemos conocer la actividad relacionada con nuestro rubro dentro de la Web, y no es una mala idea ofrecer al navegante una buena lista de sitios relacionados con el interés que los ha convocado al nuestro.

Volvamos al ejemplo del Hotel "La Yapla".

Dado que el mismo está estrechamente relacionado con la industria llamada "sin chimeneas" (turismo), contactarse con sitios relacionados y proponer un intercambio de enlaces sería de gran ayuda para aumentar las visitas a nuestro sitio, y a la vez ofrecemos al navegante el servicio ya mencionado.

Por supuesto que esto requiere tiempo y búsqueda de estos sitios.

NOTA

Un trabajo integral

Recordemos que para la realización de estos intercambios de enlaces es importante comunicar la novedad con suficiente tiempo a nuestro diseñador, para que pueda incluir un nuevo documento (habitualmente denominado "enlaces a otros sitios de interés") y su correspondiente link desde la página de inicio.

Utilicemos los principales buscadores para identificar aquellos sitios que estén emparentados con nuestra actividad, utilizando las palabras clave apropiadas.

Una vez localizados tendremos que contactarlos mediante su dirección electrónica y ofrecerles la propuesta correspondiente.

PASO A PASO

Un ejemplo

Continuando con el ejemplo anterior, veamos cómo conseguir estas URL paso a paso:

1. Escribamos un listado de palabras o frases clave relacionadas con la actividad. Por ejemplo turismo, excursiones, restaurantes, teatros, cines, paseos, costa atlántica, etc., son algunas de las posibilidades.

2. Seleccionemos un buscador o directorio apropiado. Una buena idea, tratándose de un hotel en la costa atlántica, es utilizar uno argentino o al menos en español, por ejemplo Gauchonet www.gauchonet.com.ar (éste es el que usaremos a manera de ejemplo) o Yahoo en Español http://espanol.yahoo.com.

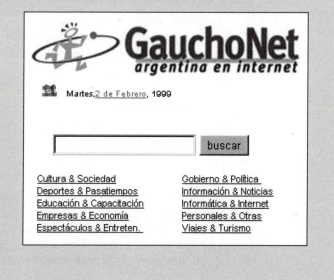

Promocionar el sitio en la Web   **5**

3. Cliqueamos en la categoría "Viajes & Turismo", accediendo al siguiente documento

Viajes & Turismo

Aerolíneas
Ciudades
Fotos
Lugares turísticos
Otras
Videos

Agencias
Expediciones
Hoteles
Mapas
Provincias

"costa atlantica"

Buscar

4. Aquí se presentan las diferentes subcategorías dentro de la principal y allí tipeamos la frase clave "costa atlántica" (entre comillas obliga al buscador a tomar la frase exacta), siendo el resultado el siguiente:

RESULTADO DE BÚSQUEDA
Se hallaron 66 registros para la búsqueda: **"costa atlantica"**

1. Municipalidad de La Costa

La Costa

Municipalidad de la Costa Pagina turistica y de servicios al contribuyente.
url:http1//www.costa.mun.gba.gov.ar
Gobierno & Política / Municipalidades
última modificación (6/4/98) registro # 6981

5. Obsérvese que como resultado obtenemos 66 registros positivos correspondientes a la frase "costa atlántica". Aquí sólo mostramos el primero, pero es aconsejable recorrerlos todos de manera de determinar aquellos que puedan ser de utilidad, por ejemplo el que a continuación mostramos:

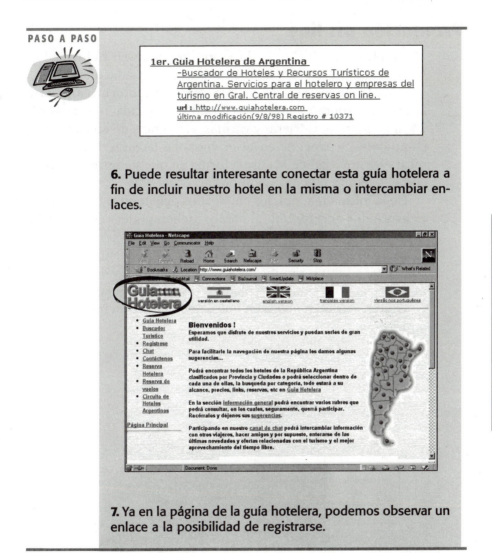

PASO A PASO

1er. Guía Hotelera de Argentina
-Buscador de Hoteles y Recursos Turísticos de
Argentina. Servicios para el hotelero y empresas del
turismo en Gral. Central de reservas on line.
url : http://www.guiahotelera.com
última modificación(9/8/98) Registro # 10371

6. Puede resultar interesante conectar esta guía hotelera a fin de incluir nuestro hotel en la misma o intercambiar enlaces.

7. Ya en la página de la guía hotelera, podemos observar un enlace a la posibilidad de registrarse.

Promocionar el sitio en la Web   5

Observemos detenidamente cada sitio que visitemos, ya que allí podemos encontrar valiosa información para continuar con nuestra política de promoción. En este caso, esta página cuenta con un buscador turístico (especializado) que puede resultar de suma utilidad para encontrar otros sitios con los que intercambiar enlaces.

Promoción off line

No olvidemos incluir la dirección del sitio web y el e-mail en nuestra comunicación y medios publicitarios tradicionales.

Toda la papelería debe incluir esta nueva información, tarjetas, papel y sobre membretado, gráfica, publicidad en radio y/o TV si la hubiera, vidrieras y vitrinas, elementos de empaquetado como bolsas y papel de envolver, hasta las facturas deben comunicar esta novedad de la misma forma en que siempre lo hicimos con el teléfono o la dirección postal.

De la misma manera, los empleados deben estar mínimamente instruidos al respecto; al menos, deben poder recordar URL (dirección del sitio) y el e-mail de memoria.

Es una buena idea también producir un pequeño evento que convoque a figuras significativas para la empresa y de esta manera anunciar con "bombos y platillos" este nuevo servicio.

La transmisión de boca en boca, tiene un efecto multiplicador en Internet.

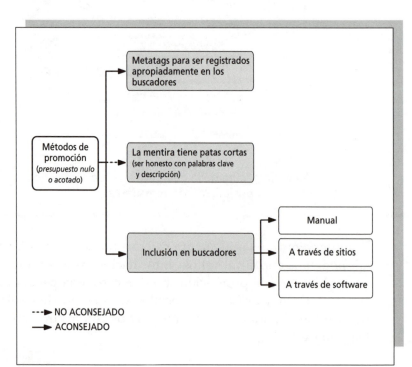

ESTADÍSTICAS

Conozcamos las estadísticas del sitio; ésta es la mejor herramienta para comprender las zonas de éxito y fracaso e implementar las acciones correspondientes, para apoyar o corregir rumbos.

6

ADMINISTRAR UN SITIO A TRAVÉS DE ESTADÍSTICAS

Todo *Web hosting* que se precie de ofrecer un buen servicio debe incluir la posibilidad de configurar un buen sistema de estadísticas, a través del cual el administrador del sitio pueda acceder a vital información que le permita tomar conocimiento acerca de lo que está sucediendo, y de esta manera decidir las medidas o acciones correspondientes. Si nuestro servidor no dispone de este servicio no nos preocupemos, existen varias empresas en la Web que lo ofrecen, incluso de manera gratuita.

Un buen sistema estadístico permite conocer varios aspectos del impacto que está causando nuestro sitio en la Web. Veamos aquellos que pueden aportar los datos más importantes.

Un ejemplo: Ciberstats

Analicemos el sistema estadístico provisto por la empresa española Ciberstats (**ciberstats.com**).

En este caso, debemos registrarnos completando un pequeño formulario y luego incluir un código resultante en los documentos que pretendemos analizar desde el punto de vista estadístico, y que habitualmente serán la página de inicio y aquellos sobre los que por algún motivo deseamos llevar un control cercano.

NOTA

Inclusión de publicidad ajena en el sitio propio

Habitualmente, las empresas que ofrecen un sistema estadístico incluyen dentro del código resultante publicidad de sí mismas. Evaluemos el impacto de esa publicidad en nuestro sitio antes de hacer uso de este recurso.

Ciberstats no muestra publicidad al visitante pero sí al administrador al momento de consultar la estadística.

Estadísticas 6

El sitio al cual ha sido aplicado este sistema estadístico pertenece al rubro turístico y más específicamente al turismo de aventura. Esto implica un nicho absolutamente particular en términos de la cantidad de visitantes que puede esperarse.

Información general:

Fecha de inicio Martes 26-Enero-1999 20:58:45
Estadísticas generadas en Miércoles 28-Abril-1999 14:34:30 (91.7 días)
Usuario Ingresos
Nombre Fabián Feld
Email ffeld@datamarkets.com.ar
Accesos reales 536

Indudablemente, lo primero que queremos saber es la cantidad de usuarios por día.

Últimos accesos

	Fecha	Host	Referer
1	28-Abr 04:44:51	ave2ppp-586.uc.infovia.com.ar	http://search.yahoo.com/search?p=cordillera de los andes
2	28-Abr 03:16:09	host011222.arnet.com.ar	http://www.buscador.clarin.com.ar/Turismo_y_Pasatiempos/Agencias_de_viajes.html
3	28-Abr 02:27:46	dialtnt142.entelchile.net	http://search.yahoo.com/search?p=Cordillera de los Andes
4	28-Abr 01:23:14	pc1449.tch.harvard.edu	http://search.yahoo.com/search?p=the andes
5	28-Abr 00:42:18	host036161.arnet.net.ar	http://www.opentravel.com.ar./
6	27-Abr 22:16:24	196.32.82.142	http://www.buscador.clarin.com.ar/Turismo_y_Pasatiempos/Agencias_de_viajes.html
7	27-Abr 19:35:56	ppp38.c.net.gt	http://espanol.yahoo.com/Economia_y_negocios/Empresas/Turismo/Operadores_turisticos/
8	27-Abr 16:10:44	xltadc1.adc.com	http://dir.yahoo.com/Regional/Countries/Chile/Business_and_Economy/Companies/Travel/Tour_Operators/
9	27-Abr 11:01:31	selene.etsimo.uniovi.es	http://www.opentravel.com.ar/
10	27-Abr 11:00:56	selene.etsimo.uniovi.es	http://www.opentravel.com.ar/
11	27-Abr 10:35:28	194.30.0.130	
12	27-Abr 10:22:50	194.30.0.130	
13	27-Abr 01:57:36	208.248.183.2	
14	27-Abr 01:52:16	proxy1.rdc1.ab.wave.home.com	http://search.yahoo.com/search?p=,cordillera
15	26-Abr 23:00:04	www.andinet.com	http://search.yahoo.com/bin/search?p=cordillera de los andes
16	26-Abr 20:57:52	gov.ab.ca	http://www.opentravel.com.ar/
17	26-Abr 19:53:48	200.10.255.19	http://espanol.yahoo.com/Zonas_geograficas/Paises/Chile/Economia_y_negocios/Empresas/Turismo/Operadores_turisticos/
18	26-Abr 18:53:11	infovia163.sendanet.es	http://espanol.yahoo.com/Economia_y_negocios/Empresas/Turismo/Operadores_turisticos/
19	26-Abr 18:28:57	193.53.7.201	http://dir.yahoo.com/Regional/Countries/Chile/Business_and_Economy/Companies/Travel/Tour_Operators/
20	26-Abr 17:00:34	206.226.255.61	
21	26-Abr 16:59:15	206.226.255.61	http://espanol.yahoo.com/Zonas_geograficas/Paises/Chile/Economia_y_negocios/Empresas/Turismo/Operadores_turisticos/
22	26-Abr 14:35:37	195.235.60.132	http://www.yahoo.es/Economia_y_negocios/Empresas/Turismo/Operadores_turisticos/
23	26-Abr 03:24:26	iv08212.dialupix.ctcreuna.cl	http://www.altavista.com/cgi-bin/query?pg=q
24	26-Abr 01:10:08	misti.lared.net.pe	http://www.opentravel.com.ar/
25	25-Abr 22:09:49	200.195.31.5	http://www.opentravel.com.ar/

En esta imagen podemos observar la cantidad de accesos en los últimos 3 días, con el detalle de la hora, origen y, en muchos, casos, desde dónde se ha ingresado.

Obsérvese que los buscadores utilizados para ingresar al sitio son Yahoo, Yahoo en español, Altavista y el buscador de Clarín.

La experiencia ha determinado que es sumamente importante registrarse en los buscadores mencionados.

Accesos por mes

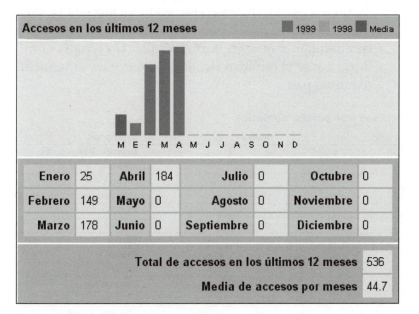

El conocimiento de la cantidaad de accesos, medidos mensualmente, puede darnos una idea del aumento de la popularidad de nuestra página desde una buena perspectiva.

En este caso, la medición de los últimos tres meses, hasta el 28 de abril, nos da una muestra de que, lentamente, el sitio está siendo visitado por mayor cantidad de gente.

CONOCER EL ORIGEN DE LA VISITA

La información acerca del origen de las visitas a nuestro sitio puede resultar de suma importancia.

En esta particular situación, estamos ante un sitio bilingüe (inglés/español), pero observando los resultados llama la atención que un país como Canadá esté generando más hits (visitas a la home page o página de inicio) que el propio Chile. De esta manera, podría evaluarse como apropiado incluir una versión más en francés (dado el carácter bilingüe, inglés/francés de este país), así como también otra en portugués por la cercanía entre Chile y Brasil y ante la cantidad significativa de visitas provenientes de este último país.

Accesos por países/dominios

Accesos	Dominio	Descripción
134	.IP	Dirección IP no resuelta.
98	.ar	Argentina
66	.net	Network
51	.com	Comercial (principalmente USA)
28	.ca	Canadá
25	.cl	Chile
19	.es	España
11	.mx	México
11	.br	Brasil
10	.???	Desconocido
9	.us	Estados Unidos de América
9	.edu	USA Educacional
6	.pe	Perú
5	.co	Colombia
4	.ch	Suiza
4	.de	Germany
3	.jp	Japón
3	.au	Australia
3	.uk	Reino Unido
3	.nl	Netherlands
3	.org	Organizaciones no lucrativas
2	.do	República Dominicana
2	.uy	Uruguay
2	.at	Austria
2	.ec	Ecuador
2	.cr	Costa Rica
2	.it	Italia

Accesos por países/dominios

Accesos	Dominio	Descripción
2	.my	Malasia
2	.fr	Francia
2	.ie	Irlanda
1	.gt	Guatemala
1	.kr	Corea del Sur
1	.il	Israel
1	.pt	Portugal
1	.si	Eslovenia
1	.fi	Finlandia
1	.bo	Bolivia
1	.bb	Barbados
1	.ro	Rumania
1	.be	Bélgica
1	.yu	Yugoslavia
1	.ne	Niger
1	.ve	Venezuela
43	Países/Dominios diferentes	

ESTADÍSTICA DEL BROWSER O NAVEGADOR UTILIZADO PARA ACCEDER AL SITIO

La información acerca del browser o navegador con que estamos siendo visitados es de fundamental importancia en términos del testeo del sitio. Conocida es la diferencia de visualización entre Netscape Navigator e Internet Explorer, y además entre sus distintas versiones. En este caso, son apreciables en términos de cantidad los accesos registrados por uno y otro, por lo que es altamente aconsejable utilizar una tecnología que permita que el sitio sea visitado sin inconvenientes por ambos navegadores en sus distintas versiones.

6

Estadísticas

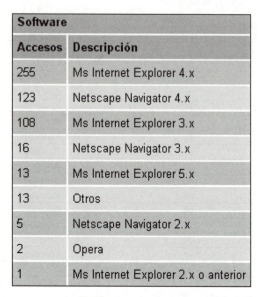

Software	
Accesos	**Descripción**
255	Ms Internet Explorer 4.x
123	Netscape Navigator 4.x
108	Ms Internet Explorer 3.x
16	Netscape Navigator 3.x
13	Ms Internet Explorer 5.x
13	Otros
5	Netscape Navigator 2.x
2	Opera
1	Ms Internet Explorer 2.x o anterior

En este caso son apreciables, en términos de cantidad, los accesos registrados por uno y otro.

ESTADÍSTICA DE LOS SISTEMAS OPERATIVOS QUE LOS VISITANTES UTILIZAN EN EL MOMENTO DE ACCEDER AL SITIO

Así como es importante contemplar la tecnología según los browsers que utilizan los navegantes para visitar nuestro sitio, también lo es el sistema operativo. El testeo del sitio en plataforma Windows y MacOS es también altamente recomendable (por no mencionar al cada vez más popular Linux y los emergentes sistemas operativos tendientes a correr en Handheld, palmtop, webtv y distintos aparatos portátiles).

Sistemas operativos	
Accesos	**Descripción**
320	Ms Windows 95
113	Ms Windows 98
50	Ms Windows NT
21	MacOS
18	Ms Windows 3.X
13	Otros
1	Linux

El testeo del sitio en plataforma Windows y MacOS es también altamente recomendable.

Ejemplos:

A través de patagon.com es posible recibir toda la información financiera, con acceso a la situación en los principales mercados del mundo. Un sitio que permite, previa membrecía, comenzar a operar en la Bolsa de valores desde la comodidad de una PC hogareña.

Otro dato interesante es que los administradores del sitio han juzgado importante ofrecer el servicio en tres idiomas: español, portugués e inglés.

Estadísticas 6

www.patagon.com

Servicios:

El conocido buscador Altavista también ofrece este servicio tan valorado por los navegantes: la traducción on-line de textos o documentos html en varias direcciones (francés, alemán, español, inglés, italiano, entre otros). El diseño incluye la imagen corporativa, publicidad y las ventanas correspondientes al servicio en sí mismo, una caja donde incluir el texto o URL, arriba otra donde se muestra la traducción y un menú desplegable para indicar la dirección de la traducción (spanish to english por ejemplo).

www.altavista.com

E-COMMERCE

Comerciar directamente en la Web es el anhelo de todos. ¿Es esto posible?, ¿cuáles son los límites?, ¿cuál es la mejor estrategia?, ¿cuáles son las tecnologías disponibles? Evaluemos estos tópicos para tomar la decisión apropiada a nuestra situación.

7

EL PRESENTE DEL MUNDO. ¿EL FUTURO EN ARGENTINA?

Por todas partes somos bombardeados con la palabra *e-commerce*, o comercio electrónico. Finalmente nos preguntamos: ¿cuál es su exacto significado?

Simple y concretamente, *e-commerce* es la posibilidad de comprar/vender en línea (a los efectos del usuario final).

NOTA

Dicho de otra manera

El comercio electrónico consiste en la utilización de la tecnología propia de Internet para comprar/vender productos o servicios, con los consiguientes beneficios y algunas limitaciones (incluyendo las folclóricas de nuestro país).

Convengamos en que el argentino no es muy proclive a comprar sin ver, y a pesar de la proliferación de la venta televisiva, por teléfono o por correo, esta actividad no goza de la popularidad que tiene en USA. De esta manera, son pocas las empresas argentinas que han apostado fuertemente a la venta on-line. Pero no sólo es un problema folclórico, tampoco la tecnología tiene el desarrollo necesario como para que esto suceda, en términos de que las tarjetas de crédito no han promovido las medidas necesarias para que esto suceda. No obstante, y ante la globalización de todo cuanto nos rodea, no sería raro pensar que en poco tiempo más esta actividad comience a desarrollarse en nuestro país en forma masiva (seguramente dependerá también del aumento de usuarios de Internet).

7

E-Commerce

Algunos ejemplos locales

Uno de los pocos supermercados que brinda la posibilidad de hacer las compras de todos los días on-line. Esta es su página de acceso a las distintas facetas del sitio, con una clara dinámica de navegación

www.disco.com.ar

Una de las pocas librerías donde puede comprarse on-line.

Aquí se combinan una sobria estética, con colores suaves acordes al tipo de mercadería que se vende, con la posibilidad de encontrar rápidamente el título buscado y su posterior compra a través del tradicional "carrito" o "bolso"

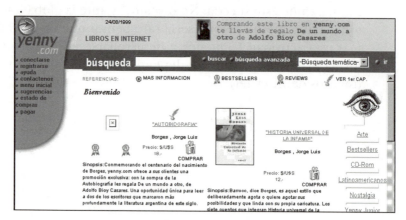

www.yenny.com.ar

No hay duda de que la Argentina se incorporará, tarde o temprano, al comercio electrónico.

Esta empresa fue creada con el objetivo de desarrollar una gran comunidad on-line donde compradores y vendedores puedan comercializar libremente todo tipo de productos a través del método de subasta. Las categorías más populares son Computación, Deportes, Coleccionables y Bazar, entre otras.

www.mercadolibre.com.ar

Un sobrio diseño ofreciendo una de las mercaderías más populares en la Red, música factible de ser adquirida on-line.

www.farobue.com.ar

E-COMMERCE EN EL EXTRANJERO

El carrito de compras

Esta tecnología permite emular el tipo de compra que podemos efectuar en un supermercado. Incorporar artículos a un virtual carro de compras (*shopping cart*), con la posibilidad de consultar en cualquier momento tanto los artículos que hemos comprado como el monto de lo que llevamos gastado, además de poder quitar, agregar y anular artículos en cualquier momento.

Finalmente, se ingresarán nuestros datos personales, incluyendo el número de tarjeta de crédito que se validará on line, y la forma en que queremos recibir los productos (los diferentes tipos de envío como Federal Express, UPS, DHL, etc.).

El sitio corresponde a la famosa librería (¿sólo librería?) Barnes & Noble.

Obsérvese en el vértice superior derecho la imagen del carrito y la posibilidad de incorporar el producto (Red Hat Linux 6.0) al carrito de compras mediante el botón *"Add to my cart"*.

A la manera de las grandes tiendas, el sitio argentino Hipershop permite realizar compras de hardware y software, mediante el ya tradicional "carrito de compras" que nos va dando el cuadro de situación de lo gastado con cada mercadería incorporada.

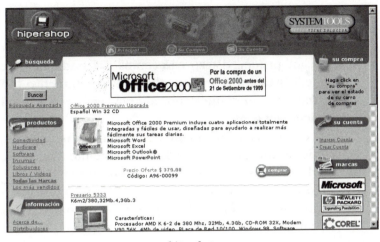

www.hipershop.com.ar

VENTAJAS Y DESVENTAJAS DEL COMERCIO ELECTRÓNICO

Más allá de nuestras limitaciones folclóricas, que tarde o temprano y acorde a los tiempos de globalización serán resueltas, el comercio en línea presenta ventajas y desventajas.

Dentro de las primeras, la más obvia es la posibilidad de venta las 24 horas, los 365 días del año y el acceso desde todo el mundo (en caso de que estemos preparados para hacernos cargo de esta responsabilidad).

Aquí se plantean ciertas "mercaderías" como ideales para ser comerciadas on-line. Sin duda lo "intangible" tiene todas las de ganar o, dicho de otro modo, todo aquello que pueda ser trasportado por medio de un archivo de computadora goza del enorme privilegio de no reconocer fronteras, ya que sólo depende de una sencilla línea telefónica para su distribución. (**IMPORTANTE**: asesórese profesionalmente acerca de lo referente a la cuestión impositiva).

Por otro lado, y dentro de las desventajas, sabemos lo simple de copiar todo aquello soportado en bits.

En el otro extremo, aquellas "mercaderías" soportadas en átomos (todo lo que es material) requieren un paso adicional que excede los alcances de Internet y tiene que ver con el transporte del elemento en cuestión.

Pero volviendo al comercio electrónico, hay que reconocer que en un primer vistazo carecemos del tradicional vendedor que puede asesorar o ser consultado. Este conflictivo tópico está comenzando a ser resuelto por algunas empresas como icontact – **www.icontact.com**

Esta empresa ha enfrentado el problema produciendo un software que permite seguir los pasos del visitante a nuestro sitio, de forma de estar a su disposición, si se nos solicita, o intervenir si el "vendedor" a cargo en ese momento lo juzga oportuno.

El producto, según su descripción, tiene como características importantes:

Desde el punto de vista del visitante:

- No precisa de ningún tipo de aplicación o programa adicional por parte del visitante, ya que sólo se abrirá un marco (frame) en su navegador o browser ante el requerimiento del mismo para ser atendido por el vendedor o representante de turno.
- El diálogo transcurre en modo texto, lo que aumenta la velocidad con el mínimo requerimiento de ancho de banda.

Desde el punto de vista del vendedor o representante:

- El programa ocupa muy poco espacio en disco rígido y corre en cualquier computadora con Windows 95 o NT.
- El vendedor puede seguir los movimientos del visitante en el sitio, de manera de interpretar si existe alguna dificultad (encontrar algún tipo de información o artículo, por ejemplo).

A LA HORA DE PAGAR: SSL

Efectivamente, éste es el punto más conflictivo en la cadena de comercialización de un producto.

Desde los inicios de la "era moderna" en Internet, los rumores (casi a gritos) acerca de la falta de privacidad y seguridad en la Red han hecho que una gran cantidad de usuarios se muestren reticentes a colocar sus números de tarjeta de crédito en una transacción comercial.

En un comienzo la intersección de esta información la tornaba sumamente insegura, pero luego aparece el SSL (*Secure Socket Layer*), un protocolo desarrollado por la empresa Netscape y que sirve para transmitir información de manera segura a través de los browsers o navegadores más populares (Internet Explorer de Microsoft también soporta SSL), mediante una llave de encriptación de la información volcada en un formulario, por ejemplo, que hace que sólo pueda ser leída en el otro extremo (el comercio en cuestión) por la persona munida de la tecnología correspondiente.

IMPORTANTE

Cómo identificarlos

Por convención, los sitios que utilizan SSL comienzan con https: en vez del tradicional http:

Este protocolo solucionó en buena medida los aspectos relacionados con la seguridad del transporte de la información de un extremo al otro de la cadena de venta electrónica de un producto, pero lo que no pudo resolver es el uso que hace quien recibe esa información confidencial.

Claro, de tratarse de empresas reconocidas en el "mundo real" probablemente no generen desconfianza en el comprador; difícilmente hagan un uso deshonesto de esta información, ya que mucho más caro sería el desprestigio que sufrirían, pero... ¿cuántos sitios alojados en servidores gratuitos como Geocities o Tripod, con esas enormes direcciones o URL promueven ventas?

IMPORTANTE

Los abusos no son por fallas tecnológicas

En este rubro se han cometido abusos con las tarjetas, encontrándose muchos usuarios a quienes efectivamente se les cargó en la tarjeta el importe acordado, y además otros gastos realizados en las Islas Vírgenes, Ciudad del Cabo, Tanzania, etc. Es decir, aquí no falló la tecnología ni se violó información confidencial, sino que se actuó en forma deshonesta.

7

E-Commerce

De todos modos, y en la mayoría de los casos, el usuario de tarjeta de crédito no carga con la responsabilidad y se le devuelve el dinero.

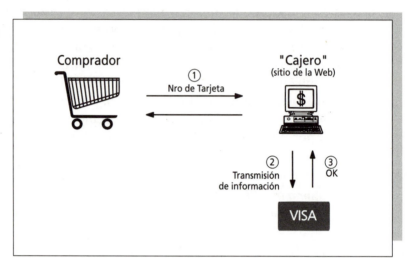

Método SSL (Secure Socket Layer) de transmisión de la información.

¿ENTONCES? SET

Hace alrededor de 2 años comenzaron las primeras experiencias con el nuevo estándar SET (*Secure Electronic Transaction*) avalado por la mayor parte de las tarjetas de crédito internacionales y empresas de software (Microsoft, Netscape, Visa, y Mastercard) que permite, por un lado, al comerciante, confirmar que el comprador es quien dice ser, pero no le da acceso al número de tarjeta de crédito, la cual es verificada directamente en la empresa emisora de la misma, que permite la transacción.

SET parece ser la real solución, pero convengamos en que al momento de la edición de este libro continúa en experimentación y no es de uso masivo.

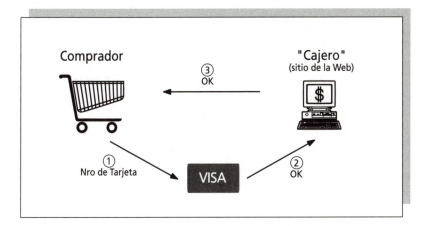

Método SET (Secure Electronic Transaction) de transacción comercial on-line.

En la Argentina ya existen empresas que, mediante la utilización de sistemas híbridos de pago, ya están realizando transacciones comerciales on-line.

Disco y su supermercado virtual, donde puede comprarse en la Web y el pago se efectúa cuando se recibe la mercadería en el hogar.

Aerolíneas Argentinas **www.aerolineas.om.ar**, librería Yenny **www.yenny.com.ar**, impresoras Lexmark **www.lexmark.com/la** y Xerox **www.xerox.com.ar**, son también otras empresas que ya sea por confirmación telefónica, fax, o el envío de información encriptada mediante SSL y su posterior confirmación por medios tradicionales, facilitan las transacciones comerciales, y el uso de estos mecanismo híbridos parece ser la solución en el presente, hasta que SET se transforme en la norma.

UNA EXPERIENCIA PERSONAL

Conocido es el temor a colocar el número de tarjeta de crédito por parte de los usuarios de la Red. Aun con las medidas de seguridad descriptas, el usuario argentino se muestra todavía reticente a brindar este tipo de información confidencial.

Este detalle puede comprenderse desde varios puntos de vista:

- Escaso folclore en nuestro país de costumbres que no impliquen la atención por una persona física: baste ver lo popular que resulta en otros países la compra telefónica, a través del correo o el autoservicio, tan común sobre todo en el abastecimiento de combustibles, y que aquí no ha prosperado.
- Desconfianza y temor a la interceptación y o manipulación de la información confidencial.
- Escaso apoyo por parte de las tarjetas de crédito.

Estos mismos temores se vivían en los comienzos de Internet en la Argentina, y parece que todavía no hemos evolucionado en la medida de lo esperado.

Así, en el año 1997 me encontraba ante la situación de que un amigo en USA, con el que había comenzado a "teletrabajar", me anunciaba su próximo casamiento.

Me dije entonces, "*nada más delicado que enviarle una planta*" (brillante idea, Fabián), y pensé "¿por qué no utilizar la Web para estos menesteres?"

Rápidamente pude hallar una florería que me permitía realizar el envío, precisamente en la ciudad de los Estados Unidos en la que mi amigo vivía.

Pero el temor se apoderó de mí cuando me encontré frente a la instancia de escribir mi número de tarjeta de crédito.

Mis temores no pasaban por los aspectos tecnológicos; al fin y al cabo la interceptación de la información que yo podría enviar era algo bastante improbable, sino por la manipulación de la misma por parte del receptor.

Opté entonces por entablar comunicación con el encargado del sitio, de manera de evaluar la seriedad del comercio.

Con la excusa de conocer la demora en el envío, la posibilidad de hacerlo durante el fin de semana, el tipo de planta a adquirir, etc., escribí un primer mensaje que fue respondido en menos de 24 hs., lo que me dio un buen primer síntoma de que estaba tratando con alguien atento a las requisitorias del potencial cliente. El tipo de información que recibí fue profesional y apropiada; de tal manera, e intercambio de algunos mensajes adicionales mediante, pude apreciar que estaba tratando con una empresa seria (no hay garantías 100% por supuesto, el famoso "cuento del tío" existe en todas partes, más allá de la tecnología utilizada).

Días más tarde completé el pedido, recibiendo inmediatamente y vía e-mail un mensaje de confirmación con la descripción del producto adquirido, y el valor que se iba a debitar de mi tarjeta de crédito, lo que efectivamente y sin problemas sucedió.

Moraleja

Pocas dudas caben a esta altura del partido acerca de la confianza, en términos de las marcas conocidas. Es poco probable que aquellas que tengan un sitio en la Web puedan poner en juego su prestigio, traicionando la confianza de sus clientes, ya que no existe un medio más rápido para trasmitir las noticias funestas que Internet.

Si, en cambio, nos encontramos ante la disyuntiva de colocar o no el número de tarjeta de crédito frente a una empresa "no tan conocida", no es una mala idea entablar algún tipo de contacto con el administrador del sitio, de manera de conocer el perfil de la empresa en cuestión.

E-Commerce 7

PLUG-INS

La Web plantea muchos límites, de forma que la velocidad de transmisión de datos muchas veces restringe una sofisticada expresión de los contenidos.

El uso de los plug-ins puede transformarse en una solución posible. Pero... ¿estarán dispuestos nuestros visitantes a adaptar sus browsers o navegadores para reproducir estos medios?

8

CÓMO SUPERAR LAS RESTRICCIONES DE LOS NAVEGADORES

Evidentemente, la escasez de ancho de banda sigue siendo uno de los factores fundamentales a la hora de determinar los contenidos de un sitio. La tentación de colocar gráficos definidos y coloridos, así como video, audio, etc., es muy grande, pero la sensatez prima a la hora de decidir y solemos inclinarnos por sacrificar estos medios en pos del mayoritario acceso a nuestra información. De todos modos, nos quedamos siempre con ese sabor de "qué bueno sería..."

Ante estas restricciones, surge como respuesta la implementación de los plug-ins *o players* (como algunas compañías prefieren llamarlos), pequeñas aplicaciones que a manera de apéndices permiten correr objetos para los que naturalmente no están preparados los browsers o navegadores y, así, no depender de sus limitaciones ni de su velocidad.

Es así como Real (**www.real.com**) viene desarrollando su famoso RealPlayer (tal vez el plug-in más difundido) que permite reproducir video y/o audio sin la necesidad de utilizar el tradicional formato wav tan pesado y poco factible de implementar, o Shockwave de Macromedia (**www.macromedia.com**), que facilita la inclusión de animación gráfica que se vale de la tecnología vectorial para reducir considerablemente el tiempo de carga o *download.*

Pero (¡todo tiene un pero!), todas estas tecnologías requieren una participación activa por parte del navegante o visitante.

IMPORTANTE

Información esencial

No respalde contenidos fundamentales de su sitio en las nuevas tecnologías, ya que restringiría el consumo de los mismos a usuarios de última generación. En todo caso habilite diferentes versiones, de manera tal que, independientemente de los recursos del usuario, la información pueda ser vista por la totalidad de sus visitantes.

Plug-ins 8

Todos ellos requieren la bajada e instalación del plug-in o programa, que si bien suele realizarse en forma automática y además es muy sencillo, no garantiza el alcance masivo en términos de su visualización. A pesar de que algunas de estas empresas han hecho acuerdos con los principales browsers (Netscape Navigator y Microsoft) para que estos plug-ins sean contenidos en sus navegadores o sistemas operativos (Windows 98 incluye los ya mencionados), estos acuerdos han tenido lugar para las últimas versiones, con lo cual los usuarios de las anteriores quedan al margen, como también aquellos con máquinas de escasos recursos o de modelos más antiguos.

Es decir, la recomendación no es la negación de estos recursos de última tecnología, sino su limitación.

ADOBE ACROBAT

Para algunas empresas es importante transmitir documentos que mantengan una apariencia uniforme a lo largo de distintas plataformas (PC y Mac por ejemplo) y sin depender de las aplicaciones que se encuentren instaladas en las máquinas de quienes reciben dichos documentos.

Si nos encontramos en este marco, y además necesitamos transmitir un volumen importante de información que pueda ser leída y navegada fuera de línea, generar un documento PDF (*Portable Documento Format* o formato de documento portátil) puede resultar una buena solución.

El PDF, propuesto muchos años atrás por Adobe, se ha transformado en un estándar en la Red (y fuera de ella también: más de 40 millones de usuarios tienen instalado el *Acrobat Reader*), y la aplicación que permite leer estos documentos es gratuita, se puede bajar del mismo sitio de Adobe **www.adobe.com** y tiene la particularidad de independizarse del sistema donde está corriendo, de las tipografías instaladas, reduce considerablemente el peso del archivo resultante (comparado con uno de Word por ejemplo), lo que lo hace ideal para ser transmitido vía electrónica a través del e-mail, bajada o download de archivo, etcétera. De esa manera, quien reciba este documento lo verá tal cual ha sido creado por su autor.

Un documento PDF puede contener enlaces o links dentro del mismo archivo o fuera de él (entre documentos PDF o hacia sitios en la Web), incluir imágenes, opciones de seguridad, video, sonido, imprimirse tal cual se ve en el monitor, etcétera.

Vídeo: ejemplos

Dos posibilidades de incluir video en un sitio, en el primer caso (Disney), utilizando QuickTime 4.0 como plug-in, permitiendo "estrimear" imagen y sonido. En el segundo (Blue Note), utilizando RealPlayer G2.

LISTADO DE LOS PLUG-INS MÁS UTILIZADOS

En síntesis, un plug-in es una pequeña aplicación que permite visualizar información para la que naturalmente el browser no está preparado. Veamos, a continuación, las aplicaciones más utilizadas y los sitios web desde donde podrá bajarlos a su PC.

Nombre	URL o dirección del sitio en la Web	Propósito	Disponible para
Acrobat	www.adobe.com	Generar archivos digitales para ser visualizados de manera independiente del sistema del receptor. Respeta fielmente el formato impuesto por el autor.	Macintosh Windows OS/2 Unix
Apple QuickTime Plug-In	www.apple.com/quicktime	"Streaming" y emisión de video en alta calidad.	Macintosh Windows
Beatnik	www.headspace.com	Audio interactivo en la Web.	Macintosh Windows
Crescendo	www.liveupdate.com/crescendo.html	"Streaming" de archivos midi.	Macintosh Windows
Liquid Music Player	www.liquidaudio.com	Formato de audio en alta calidad.	Macintosh Windows
RealAudio	www.real.com	"Streaming" de audio y video.	Macintosh Windows
Shockwave Flash	www.macromedia.com	Presentaciones gráficas animadas. Juegos.	Windows
Vivo	www.vivo.com	"Streaming" de video.	Windows

NO DELEGUE TODO A SU DISEÑADOR

Conocer la "cocina" de un documento html puede resultar muy útil. ¡¡No, no!! La idea no es que desarrollemos la página desde un punto de vista técnico, pero seguramente ayudará a comprender lo que el diseñador está realizando y con ello mejorar nuestra comunicación, obteniendo los mejores resultados.

9

PRIMEROS CONCEPTOS PARA METER MANO EN EL ASUNTO

Si Ud. decidió la compra de este libro, probablemente no sólo sea un empresario pyme con interés en colocar su sitio en la Web. También se habrá dado cuenta de la importancia de este nuevo (¿nuevo?) medio, tenga una personalidad curiosa e inquieta y no se contente con sólo encargarle un puñado de documentos a un diseñador de páginas web. En algún momento querrá "meter mano" y conocer aunque sólo sea un poco del "cómo se hace" (no tengo dudas, usted es uno de ellos ¿no?).

En el comienzo, el diseñador de páginas web no contaba con ninguna herramienta específica para generarlas y se valía de un simple procesador de texto (*Notepad* o *Word*, por ejemplo) donde "garabateaba" una serie de etiquetas o *tags* para controlar el contenido del documento. Hoy en día, no son pocos los diseñadores puristas que lo siguen usando (nada de malo tiene esto) a pesar de los numerosos editores de mayor o menor sofisticación que ofrece el mercado.

Tag o etiquetas

Un tag o etiqueta es una orden o instrucción o grupo de instrucciones que se le asignan a un objeto para que cumpla con una determinada función o para indicar un atributo.

Nos referimos a una función cuando la instrucción indica algún tipo de acción, por ejemplo, enlazar un documento con otro, un documento con otro sitio en la Red o cuando se trata de bajar un archivo o disparar una aplicación.

En cambio, hablamos de atributo, por ejemplo, cuando indicamos que un determinado texto debe ser mostrado en negritas, con un determinado color, tipografía, tamaño, etcétera.

Vamos a identificar un tag o etiqueta porque dicha instrucción está encerrada entre los signos "<" y ">" y la mayoría de ellos tienen uno de apertura y otro de cierre, de manera de indicar el comienzo y el final de dicha instrucción. Por ejemplo, para señalar que un determinado texto y sólo ese texto debe mostrarse en

No delegue todo a su diseñador   9

IMPORTANTE

A qué llamamos "objeto"

Es importante aclarar este punto. Utilizamos la palabra "objeto" para referirnos a un texto, una imagen, sonido, video o cualquier otro elemento que se encuentre en un documento html.

negrita o resaltado, debemos encerrarlo entre el tag de apertura <B> y el de cierre </B>. Como puede observarse, el de cierre incluye la barra "/".

Entonces, en ese procesador de textos, el ejemplo mencionado se vería:

<B>Este texto en negritas</B>

Mientras que en el browser o navegador el aspecto cambia:

Este texto en negritas

De esta manera es fácil comprender que cuando realizamos una visita a un sitio cualquiera, nuestro browser abre el documento y comienza a interpretar la información contenida. Cada vez que se topa con un tag, en vez de mostrarlo como si fuera un texto, simplemente interpreta esa instrucción, algo así como *"desde <B> hasta </B> debo mostrar el texto en negrita."*

Como puede observarse, el tag es una muy pobre herramienta para controlar la cantidad de "cosas" (acciones, atributos, etc.) que suceden en una página; por lo tanto, existe una cantidad enorme de etiquetas para poder satisfacer las distintas necesidades.

Editores

Con el tiempo, varias empresas comenzaron a escuchar a los diseñadores, quienes se quejaban, entre otras cosas, del repetitivo tipeo de los tags, y diseñaron los primeros editores, que no eran más que procesadores de textos que facilitaban y automatizaban la inclusión de las etiquetas en el documento, y no mucho más.

Más tarde, los editores comenzaron a sofisticarse e incluir asistentes para crear tablas, marcos (frames), listas y formularios. Paralelamente, las empresas más importantes desarrollaron editores más sofisticados, que facilitaban la tarea a tal punto que llevaban al usuario a diseñar una página web prácticamente sin necesidad de conocimientos del código html (léase con atención: **PRAC-TI-CA-MEN-TE**), y además a administrarla de manera intuitiva.

RECOMENDACIÓN

Probablemente no vayamos a diseñar un sitio, pero seguro compartiremos algún espacio con quien sí lo haga, y una inversión de tiempo en el aprendizaje del código html nos ayudará a mejorar la comunicación, y a darnos cuenta de lo fácil que puede resultar incluir los recursos sofisticados que constantemente se ofrecen en la Web.

RECURSOS PARA EDITORES DE PÁGINAS WEB

La curva de aprendizaje ideal es comenzar utilizando el block de notas por un cierto y prudencial lapso de tiempo, de modo de percibir el funcionamiento de un documento html; luego migrar a un simple editor de html (Coffeecup, Lorenz Graf's, etc.) para finalizar con lo que será la herramienta más habitual con la que se ha de trabajar (editores *Wysiwyg – What You See Is What You Get – Lo que ve es lo que obtiene*).

CoffeeCup	www.coffeecup.com
Lorenz Graf's HTMLtool	www.lograf.com
HotDog	www.sausage.com
Home Site	www.allaire.com
FrontPage	www.microsoft.com/frontpage
Dreamweaver	www.dreamweaver.com
DrumBeat	www.drumbeat.com
NetObjects	www.netobjects.com

No delegue todo a su diseñador 9

RECURSOS PARA LA INCLUSIÓN DE ELEMENTOS DE ANIMACIÓN, INTERACTIVIDAD Y ESTÉTICA SOFISTICADA

Si se trata de incluir elementos de mayor sofisticación que permitan la interactividad, el uso de tecnologías diferentes al código htlm y nuevos servicios, puede recurrir a las siguientes fuentes:

Text-O-Matic (textomatic.superstats.com)

Un recurso que permite incluir frases de bienvenida, hora local, reconocimiento de browsers, sistema operativo, etc., de manera personalizada, en su propio documento, mediante la inserción de un pequeño código o *script* que es entregado al final del proceso de creación. El servicio es gratuito y sólo requiere registrarse completando un pequeño formulario.

The JavaScript Source (javascriptsource.com)

Si bien el lenguaje de programación conocido como JavaScript requiere del aprendizaje de complicadas instrucciones, existen muchos sitios que ofrecen *scripts* (pequeños programas) que fácilmente pueden personalizarse e incluirse en un documento del sitio. "The JavaScript Source" ofrece toneladas de *scripts* que pueden mejorar la forma en que luce nuestro sitio, además de agregarle algunas nuevas funcionalidades para las que el código html se muestra insuficiente.

JavaWorld (www.javaworld.com)

De la misma manera, Java es otro lenguaje de programación, diferente a JavaScript, pero que nos permitirá también incluir otro tipo de elementos en la página.

Este sitio cuenta con un interesante archivo y las instrucciones pertinentes.

PROGRAMAS SHAREWARE PARA INCLUIR OBJETOS DESARROLLADOS EN JAVA

La empresa CoffeeCup ha desarrollado pequeños "*applets*" que giran alrededor de los más importantes elementos que tradicionalmente se incluyen en prácticamente todos los sitios. Botones, pizarra móvil de textos, mapa de imágenes, navegación dinámica, etc., son generados intuitivamente por estos programas, y son además de muy bajo costo.

Applet Button Factory	www.coffeecup.com/java/button
Applet Marquee Wizard	www.coffeecup.com/java/marquee
Applet Headline Factory	www.coffeecup.com/java/headline
Applet Navigation Factory	www.coffeecup.com/java/navigation
CoffeeCup Image Maper	www.coffeecup.com/mapper

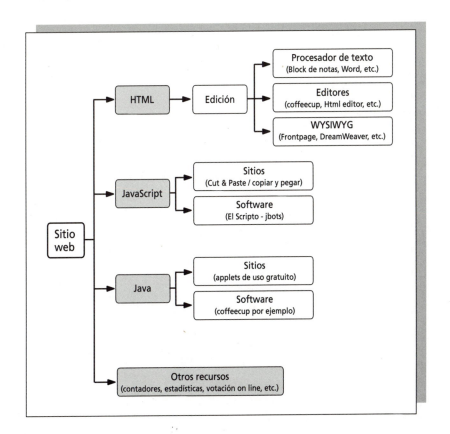

No delegue todo a su diseñador 9

ICQ

A lo largo de estos últimos años, el ICQ se ha
transformado en un "estándar" en Internet.
Conozcámoslo para utilizarlo como una privilegiada vía
de comunicación y marketing en beneficio del sitio.

ICQ: UNA CENTRAL DE COMUNICACIONES

A lo largo del presente trabajo hemos visto las enormes posibilidades que brinda la Red en términos de marketing. También se desarrollaron algunos de sus límites y aquellos factores que, particularmente, afectan las posibilidades del comercio electrónico, como son las tarjetas de crédito, que inexorablemente serán implementadas pero que, por el momento, no han dado este trascendente paso.

En este marco y apuntando a los contactos, al servicio, al soporte al cliente (presente y potencial), entre otras posibilidades, se inscribe una herramienta que meteóricamente se ha transformado en los hechos en un estándar en la Red, el ICQ (*I Seek You*, te busco, en inglés).

Este software gratuito, que cuenta con varias decenas de millones de usuarios en el mundo, puede describirse como una verdadera central de comunicaciones y nos permite básicamente cuatro acciones.

• Enterarnos cuándo una persona dentro de nuestra lista de contactos se encuentra conectada en el mismo momento en que nosotros lo estamos.
• Intercambiar mensajes.
• Establecer una comunicación en tiempo real (*chat*) en modo texto.
• Mediante un plug-in, puede incluso hablarse por "teléfono" con otros usuarios de la Red e ICQ (placa de sonido, micrófono y parlantes o auriculares de por medio).

ICQ 10

El sitio oficial (**www.icq.com**) tiene una cantidad desbordante de información enlazada simplemente mediante texto. Su dinámica de navegación es complicada debido precisamente a la dificultad de discriminar los enlaces a primera vista. La estética es pobre, pero qué importa cuando por detrás se encuentra un producto de semejantes quilates.

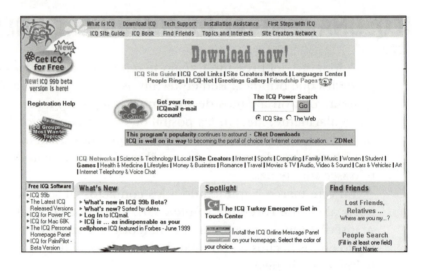

Funcionamiento

Antes de conocer los secretos del funcionamiento de esta poderosa herramienta, es necesario saber cómo conseguirla.

PASO A PASO

Cómo conseguir el programa

1. En primera instancia debemos bajar el programa, que puede ubicarse en diversos sitios, **www.icq.com** , **www.icq.com.ar** y también en los tradicionales repositorios de software como **www.download.com** , **www.tucows.com**, etc. En estos sitios, además, puede encontrarse información útil en español.

2. Luego de bajarlo debemos iniciar el proceso mediante el cual nos registraremos como usuarios de ICQ, para lo cual es recomendable realizar la instalación con conexión a Internet.

3. Asegurémonos de seleccionar la opción Nuevo usuario (New user #) y luego cliqueemos ok para el próximo paso, donde ingresaremos los datos formales como nombre, apodo, dirección electrónica. Si bien el ingreso de esta información es opcional, es altamente recomendable hacerlo, debido a que esto facilitará una rápida ubicación en el directorio que mantiene ICQ (procure no incluir datos que lo expongan, como número telefónico o dirección postal).

Seguridad

Una vez realizados los pasos antes descritos, ingresaremos en un tema importante para tener en cuenta: el de la seguridad.

```
┌─────────────────────────────────────────────────────────────┐
│ ❄ ICQ Registration Wizard (Version 98a Beta, DII 1.03)  _ □ ✕ │
├─────────────────────────────────────────────────────────────┤
│               ┌─ Password Protection ─────────────────────┐   │
│               │ Choose a password to protect your personal ICQ Number: │
│               │                                    ┌─┐      │   │
│    ICQ        │ Password:     [            ]       │✓│ Auto │   │
│               │                                    └─┘ Save │   │
│               │ Confirm       [            ]           Password │
│               │ Password:                                  │   │
│               ├─ Privacy Level ───────────────────────────┤   │
│               │ You may choose to be seen (and contacted) by all users, │
│               │ or only by those whom you authorize.       │   │
│               │   ◉ Anyone may contact me and see when I'm online. │
│               │   ○ My authorization is required.          │   │
│               ├─ Other Options: ──────────────────────────┤   │
│               │ ☑ Publish my online presence on the World Wide Web │
│               │ ☐ Do not allow others to see my IP address │   │
│               └────────────────────────────────────────────┘   │
│                                                                 │
│  [  For Admin Use  ]      [ < Back ] [  Next > ]  [  Cancel  ] │
└─────────────────────────────────────────────────────────────┘
```

Aquí ingresaremos un *password* y su confirmación (cliquee en la opción de recordarlo, *auto save password*, pero anótelo en algún sitio que pueda recordar para futuras actualizaciones o reinstalaciones).

NOTA

En esta misma ventana es posible configurar ítems tales como:

Chequeando **Anyone may contact me and see when I'm online**, cualquier usuario podrá incluirnos en su lista de contactos.

Si en cambio marcamos la opción **My authorization is required**, antes de ser incluidos deberemos aprobar la autorización.

Marquemos la opción **Publish my online presence on the World Wide Web**, si deseamos que nuestra presencia en línea se registre en la página pertinente dentro del sitio de ICQ.

Marquemos la opción **Do not allow others to see my IP address**, si no deseamos que otros usuarios conozcan la dirección IP.

ICQ **10**

Luego de enviar estos datos (verifique su conexión) recibiremos un número de usuario (UIN – *Universal Identification Number*).

Confirmemos el SMTP (**Simple Mail Transfer Protocol**), que habitualmente puede ser encontrado en la configuración del programa de correo electrónico (este paso sirve para determinar qué servidor se utilizará para el envío de e-mails, en caso de utilizarse el programa de administración de correo a través de ICQ).

Finalmente, recibiremos un mensaje de confirmación de la registración.

Agregar un usuario a la lista de contactos

Para ingresar un usuario a la lista de contactos, cliqueemos en el botón `ICQ` (abajo a la izquierda), seleccionemos `Add/Find user` y se verá la siguiente ventana:

Esta ventana posibilitará ingresar los datos que conozcamos del usuario a buscar. De esta manera podremos intentar localizarlo a través de su dirección de e-mail, de sus nombres o, en caso de conocerlo, de su número de ICQ (UIN).

A esta altura de los acontecimientos, es importante saber que ICQ está configurado para activarse cuando nos encontremos en línea, permaneciendo en una especie de "latencia" mientras no lo estamos. Esto quiere decir que no debe preocuparnos activar el ICQ, ya que toda vez que nos conectemos a la Red, ICQ registrará este movimiento y automáticamente se activará.

Esto puede comprobarse, ya que el programa se carga junto a los demás que estén configurados en el *Start Up*, o programas que se cargan cuando Windows se inicia (en el monitor, abajo a su derecha).

Cuando ICQ se encuentra activo, lo veremos de la siguiente manera:

Cuando ICQ se encuentra inactivo, lo veremos de esta otra manera:

ENVIAR Y RECIBIR MENSAJES

Para enviar un mensaje, debe cliquearse con el botón derecho del mouse sobre el nombre del usuario/destinatario, y seleccionar **Message**.

ICQ **10**

Se abrirá una ventana donde podremos tipear un mensaje de hasta 256 caracteres, y luego presionamos el botón **Send**.

Este procedimiento puede ser efectuado independientemente de que el destinatario se encuentre o no en línea.

Cuando nos encontremos on-line y alguien nos esté enviando un mensaje, o lo haya hecho antes de que nos conectemos, un pequeño ícono titilará al lado del nombre de la persona que lo remite. Hagamos entonces un doble clic sobre el usuario y automáticamente se abrirá el mensaje enviado.

Dispondremos de una serie de acciones a realizar luego de leer el mensaje:

Reply: abre un nuevo mensaje en respuesta al anterior.

Forward: envía el mensaje a una tercera persona.

Message Dialogue: abre el historial de mensajes entre el remitente y el usuario.

Request Chat: solicita permiso para "chatear" (conversación en tiempo real, en modo texto).

Next: se dirige al próximo mensaje en caso de que los haya en cola.

Close: cierra la ventana.

SOLICITUD DE CHATEO

Para solicitar una sesión de chat a un usuario que se encuentra en línea, debemos cliquear sobre el nombre deseado y seleccionar **icq chat**.

En la ventana tipeemos el motivo y luego un clic en **chat**.

Como destinatario de una solicitud de "chateo", podemos aceptar (**accept**), en cuyo caso pasaremos por un mensaje que dirá: "*Initiating chat: Waiting for the other party to respond*", para luego abrir la ventana de diálogo. En caso contrario, podremos rechazar esta solicitud, dando o no razones acerca de esta conducta.

Modo avanzado

ICQ trabaja en dos formas *Advanced Mode o Simple Mode*. Si bien en este último las opciones son más acotadas, con lo cual puede generar menos confusión en los usuarios principiantes, es en el primero con el que aprovechamos las mayores y más sofisticadas posibilidades de este programa.

Para cambiar el modo, cliquee en el botón ICQ (abajo y a la izquierda) y seleccione el modo en el que se encuentre en ese momento, dentro de la categoría "My Settings".

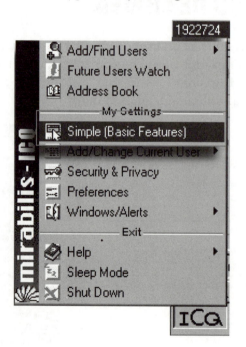

Al cliquear allí, se abrirá una ventana que nos permitirá optar entre estas dos opciones.

Para el próximo paso, es importante configurar ICQ en modo avanzado.

TRANSFERENCIA DE ARCHIVOS

Otra de las interesantes opciones que brinda el software es la posibilidad de transferir archivos en tiempo real entre dos usuarios sin mediar ninguna otra aplicación.

Para eso, el destinatario debe encontrarse on-line (obviamente el remitente también).

10
ICQ

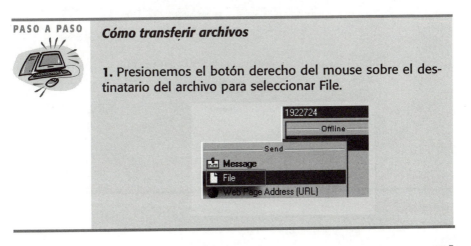

PASO A PASO

Cómo transferir archivos

1. Presionemos el botón derecho del mouse sobre el destinatario del archivo para seleccionar File.

PASO A PASO

2. Luego se abrirá una ventana, y la clásica que permite visualizar el disco rígido.

Send File Request Later

To:
ICQ#: 11468536   Nick: FlashChat
EMail: stealthcoder@halcyon.com

File Name(s):   Total File(s) Size:

Enter File(s) Description:

Cancel   Select File(s)   Send

☑ Auto-Send FileDirect request later, when the user is online.

Ready

3. Esta ventana permite seleccionar los archivos a enviar, colocar una descripción de los mismos y el botón que dispara el envío.
Es importante comprender que el receptor deberá aceptar o autorizar esta transferencia, lo que da seguridad en términos de los posibles virus que pueden transmitirse.

4. Finalmente, aparecerá una ventana de proceso que indica el status de transferencia.

ICQ - Sending files to Fabian

FileName   C:\WINDOWS\Escritorio\test.gif   Files: 1/1

Reading   C:\WINDOWS\Escritorio\test.gif   Status: Sending

File: ████████████████   Size   4K of 4K

Batch: ████████████████   Size   4K of 4K

Elapsed: 00:00:09   Remaining: N/A   CPS: 0 B/Sec

0 . . . . Max
Speed: ─────────────┘   Skip File   Abort

Como puede observarse hasta aquí, un buen manejo de este programa permite al usuario controlar una cantidad importante de funciones de manera sencilla, rápida y utilizando sólo una aplicación.

ICQ Y EL MARKETING

Hemos visto que ICQ permite una fluida comunicación entre los usuarios de Internet, y no es ajeno a esto la aplicación de estas bondades a los negocios.

En primera instancia y ante un sitio ya colocado en línea, nuestro UIN o número de ICQ será una vía más de comunicación que facilitará al potencial cliente el contacto con nosotros.

Pero imaginemos por un instante que nuestra empresa está relacionada con los servicios, o con cualquier rubro que necesita de explicaciones o soporte técnico. Es posible establecer horarios donde se nos pueda encontrar *on line* para hacernos cualquier tipo de pregunta.

Por ejemplo, podría ser atractivo, y generador de confianza a la vez, anunciar que los días viernes de 22 a 24 hs. nos encontraremos conectados y disponibles para aquellos interesados en formular preguntas acerca del producto o servicio que estamos ofreciendo.

Oportunidades de negocios

Pero el ICQ es una fuente inagotable de contactos para potenciales negocios en todo el mundo. Mediante algunas opciones adicionales incluidas en el programa, es posible acceder a otros usuarios que se dedican a los más diversos rubros y de esta manera establecer contactos con posibles consumidores, proveedores, colegas con los que intercambiar links, etcétera.

Sin importar el rubro en el que se inserte nuestra empresa, todos los temas son abordados por los usuarios de ICQ, y seguramente encontraremos el de nuestro interés.

En la ventana principal del ICQ, cliqueemos entonces el botón ICQ Now!

Luego de presionar este botón, se abrirá la siguiente ventana:

A partir de esta ventana, es posible acceder a una enorme variedad de rubros y subrubros donde seguramente encontraremos el de nuestro interés. En cada uno de éstos podemos ingresar a un chat, participar de una lista de usuarios, en grupos de interés, dejar mensajes en un pizarrón virtual (Message Boards), etcétera.

Otro tanto pasa con el pager de Yahoo, similar al del ICQ aunque no tan popular ("el que golpea primero, golpea dos veces"), pero que también permite acceder a un sinnúmero de grupos de pertenencia. Sólo es preciso tiempo, paciencia y un buen nivel de idioma inglés.

Presionando la opción de `Visit Clubs`, podemos acceder a la siguiente ventana

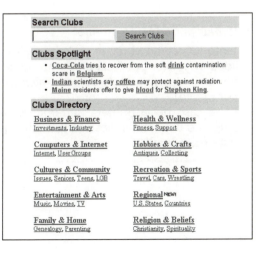

ICQ 10

En esta ventana, y a la manera del tradicional buscador, puede buscarse entre las distintas categorías y subcategorías.

También pueden consultarse los avisos clasificados (Check Classifieds) y navegar entre las categorías y subcategorías.

Listings   View by: Region

Air & Water Craft
Airplanes, Boats, Sailboats...

Personals
Dating, Friends, Penpals...

Announcements
Anniversaries, Births, Reunions...

Pets & Animals
Birds, Cats, Dogs...

Autos & Motorcycles
New & Used Cars, Trucks, Vans...

Real Estate - Commercial
Office, Industrial, Retail...

Business Opportunities
Business for Sale, Investments...

Real Estate - Residential
By Broker, By Owner, New Homes...

Computers & Software
Modems, Monitors, Printers...
Auctions: Hardware, Software, Networking... NEW!

Rentals & Roommates
Apartment Units, Houses, Rooms...

Services Offered
Gardening, Carpentry, Repairs...

Employment
Job Listings, Resumes...

Tickets
Concerts, Sporting Events, Travel...
Auctions: Entertainment, Sports, Travel... NEW!

General Merchandise
Antiques, Electronics, Furniture, Garage Sales, Sports...
Auctions: Antiques, Toys, Sporting Goods... NEW!

IMPORTANTE

Hablar por teléfono on-line

Tanto ICQ como el pager de Yahoo disponen de la posibilidad de hablar por "teléfono" con otros usuarios de estas herramientas (placa de sonido, micrófono y parlantes de por medio).

En el caso de la primera herramienta se requiere de un plug-in o pequeña aplicación llamada Qtalka (**www.minidata.co.nz/qtalk**).

En el caso del pager de Yahoo, esta posibilidad ya viene incluida de origen, lo que facilita enormemente las cosas.

Al cierre de este libro se liberó una nueva versión del ICQ que incluye la opción de "active list" que sin duda será utilizada como herramienta de marketing.

APARTADO PARA DISEÑADORES

Un repaso, a vuelo de pájaro, por las mejores herramientas y tecnologías para quienes deseen incursionar en la experiencia de desarrollar un sitio.

No sólo encontraremos una descripción de los principales programas sino que sugeriremos la mejor forma de recorrer el camino.

11

UN RECORRIDO POR LAS MEJORES HERRAMIENTAS DE DISEÑO

Tal vez usted sea un diseñador de páginas web que compró este libro para tomar algunas ideas acerca del marketing y de esa manera agregar valor a su trabajo; o un empresario pequeño, mediano o grande que se ha visto entusiasmado y estimulado por este libro a intentar crear su sitio en la Web por sus propios medios.

En ambas situaciones, permítame incluir en este apartado algo de mi experiencia como diseñador, en términos de las herramientas/programas que han facilitado mi tarea, aclarando por qué las he elegido y cuáles son sus alternativas.

Existen hoy día numerosas herramientas, poderosas todas ellas, que permiten diseñar un sitio en la Web sin la necesidad de enfrentarse al código html, y si bien finalmente terminemos usando una de ellas, es buena idea aprender esta mezcla de ciencia y arte a partir del conocimiento de este código. No quiero significar con esto que comience con el Block de notas o Notepad de Windows, pero sí que lo haga con algún sencillo editor html que sólo facilite, con diverso grado de sofisticación, el tedioso tipeo de los tags o etiquetas.

Recuerdo que cuando decidí aprender, lo hice a través del Lorenz Graf's HTML editor (**www.lograf.com**). Luego me di cuenta de que existían numerosos editores, como por ejemplo el de la empresa Coffeecup (**www.coffeecup.com**).

Superada esta etapa de aprendizaje, decidí utilizar un editor más sofisticado y hoy día implemento mi trabajo desde el editor de Microsoft, FrontPage 98 o FrontPage 2000, que incorpora además de sofisticadas posibilidades de edición, una cómoda e intuitiva administración.

Pero no sería honesto de mi parte si no le señalara que también existen varios e interesantes editores con similares capacidades, entre los cuales cabe destacar el DreamWeaver de Macromedia (**www.macromedia.com**), y el Netobjects (**www.netobjects.com**).

Apartado para diseñadores **11**

TRABAJO SOBRE LA IMAGEN

Existe otro tema esencial para quien diseñe un sitio en la Web, y si bien podría pensarse como una enorme exigencia que esta persona también se ocupe de la parte gráfica, lo cierto es que nos veremos casi obligados a manejar este aspecto también.

Si bien existen numerosos programas para trabajar la imagen, a lo largo del tiempo he procurado eludir sistemáticamente al Photoshop (tan complejo como fantásticas son sus posibilidades), pero finalmente he debido tomarme un tiempo para lograr un dominio decente del mismo.

PHOTOSHOP

En su versión 5 (al momento de escribir este capítulo hace su aparición la versión 5.5 con incorporaciones muy importantes), el Photoshop sufrió grandes cambios, tanto en su interfaz como en su target, de tal manera que el manejo se tornó bastante más intuitivo y más orientado hacia la Web, facilitando la tarea de quienes ya no disponemos de tiempo adicional para dominar en todos sus aspectos una especialidad en sí misma.

Pero si al programa le sumamos Filtros y plug-ins, veremos que muchas de la tareas gráficas habituales como relieves, sombras, desenfoques, botones, etc., serán objetivos posibles de conseguir.

Entre los filtros mencionados son destacables algunos que ayudan eficientemente a resolver estas tareas:

- Extensis (**www.extensis.com**), con sus productos Phototools, Intellihance, Photophrame.
- Alienskins (**www.alienskin.com**), con sus productos Eyecandy (**www.alienskin.com/eyecandy/ec_main.html**), Xenofex (**www.alienskin.com/xenofex/xenofex_main.html**).
- Ulead (**www.ulead.com**), con sus Web plug-ins.

Otras buenas opciones gráficas para quienes definitivamente no quieran abordar el Photoshop son el Image Ready e Image Styler, también de Adobe, y Fireworks, de Macromedia.

PROGRAMACIÓN

Pero quienes se dedican al diseño de páginas web deben dominar no solamente la edición propia del sitio (aspectos gráficos), sino también conocer algo de programación.

Habitualmente, y cuando se quieren incluir elementos interactivos o dinámicos a un documento, el diseñador debe recurrir a lenguajes como Java y/o JavaScript para los cuales por supuesto no está capacitado.

Pues bien, es posible incluir esta clase de elementos sin necesidad de dominar lenguaje alguno de programación.

NOTA

Consultas que se deben hacer

Recuerde en todo momento que es altamente recomendable recurrir a un experimentado programador cuando la tarea exija maniobras complejas como conectar una base de datos para ser consultada por un navegante desde la Web.

JAVA

Si es preciso colocar algún tipo de botonera sofisticada, el Applet Button Factory de Coffeecup (**www.coffeecup.com/java/button**) se presenta como una excelente opción que permite un alto grado de personalización de este clásico elemento, presente en la mayoría de los sitios.

Si lo que se precisa en cambio es una sofisticada cartelera (*scrolling text*), el Applet Marquee Wizard (**www.coffeecup.com/java/marquee**) y el Applet Headline Factory (**www.coffeecup.com/java/headline**) de la misma empresa, se presentan como excelentes e intuitivas herramientas.

JAVASCRIPT

Si hemos decidido trabajar con FrontPage como editor de cabecera, existen dos herramientas que se incorporan al menú tradicional del programa y permiten agregar diversos elementos.

El Scripto (**www.elscripto.com**) añade entre otros, desplazamiento de textos en la barra de status (*status text*), botones de navegación hacia delante y atrás, apertura de nuevas ventanas (*pop up window*), relojes, flash de color al momento de cargar una página (*color fade*), etcétera.

En la misma línea del programa anterior, se encuentra J-Bots de la empresa Websunlimited (**www.websunlimited.com**) que también se incorporará como un nuevo componente dentro de FrontPage (esta vez será parte del menú `Insertar/componentes/J-Bots`), donde podrá encontrar una cantidad apreciable de elementos generados a partir de JavaScript (nuevamente no precisará conocimiento alguno de programación), dividido en cuatro categorías.

-La primera categoría se encuentra dentro de la de componentes generales. Podremos tener acceso a la inclusión de, entre otros:
• sofisticados menúes desplegables,
• cuenta regresiva que permite establecer la cantidad de tiempo faltante para un determinado evento (muy utilizado en este momento para anunciar los días, horas y minutos faltantes para el año 2000),
• detección del browser,
• creación de ventanas flotantes,
• reloj global que permite mostrar la hora en diferentes lugares del planeta,
• una especie de expositor de imágenes al azar,
• creación de un cuestionario para evaluar los conocimientos del visitante a la manera de un juego basado en elección múltiple o *multiple choice.*
-La segunda categoría maneja todo lo referente a los cookies, o pequeños archivos que suelen enviarse desde el sitio a la máquina del visitante para recabar información del mismo.

-La tercera categoría aborda todo lo referente al manejo de formularios, por ejemplo la validación de tarjetas de crédito.

-La cuarta y última categoría se encarga de incluir imágenes de forma dinámica.

DREAMWEAVER E INTERACTIVIDAD

Quienes han decidido utilizar Dreamweaver 2 como su editor de páginas web, disponen de un excelente programa, el *Attain Objects for Dreamweaver.*

Esta es una herramienta de desarrollo visual destinada fundamentalmente al aprendizaje en línea.

Básicamente el autor puede crear cuestionarios de respuesta a través de verdadero/falso, elección múltiple (*multiple choice*), o de *"drag & drop"* o arrastrar y soltar de acuerdo a correspondencias.

Apartado para diseñadores 11

EN SÍNTESIS

Punteamos los principales temas a la hora de pensar un sitio en términos de brindar servicios e información pertinente al target planteado. Casi un examen de conciencia.

12

MEDIR EL ÉXITO DEL SITIO SEGÚN LOS OBJETIVOS

No hay consejo ni reglas que garanticen el éxito de nuestro sitio en la Web. Por otro lado, el concepto de sitio exitoso en la Web es muy variable. Mientras que para algunos el objetivo es lograr el máximo de tráfico posible a lo largo de su sitio, para otros será entablar contacto con algunos posibles clientes, exponer un producto o servicio a un determinado grupo de gente, vender a través del sitio, apuntalar un proyecto que sucede en el mundo tangible, reducir los costos de comunicación exponiendo información de productos que de otro modo insumiría costos de correo, teléfono, fax, etc. (todos ellos recursos mucho más caros que Internet).

De manera que intentaremos resumir en estos últimos párrafos algunos puntos que tendremos que tener en cuenta en el momento de pensar nuestra actividad en Internet.

RESPETO

Debemos asumir que quien nos visita es una persona inteligente y, como tal, el trato debe ser respetuoso. El término respeto debe ser considerado en su máxima amplitud. Respeto por su escaso tiempo que nos obliga a exponer clara y rápidamente nuestro mensaje.

En recompensa por el tiempo invertido, el navegante debe llevarse algo a cambio, información que aporte algún valor adicional y que antes de la visita no poseía, una experiencia gratificante y/o entretenida, etcétera.

VOLVER

No es sólo el título de un tango. Demos a nuestro visitante poderosas razones para volver.

La forma de hacerlo es a través de una política periódica de renovación de contenidos.

En síntesis **12**

DE CARNE Y HUESO

Es relativamente fácil hacer pasar gato por liebre en la Web, pero la mentira tiene patas cortas.

Mostrar que hay gente de carne y hueso detrás de un sitio es sumamente importante, de manera que es trascendente ofrecer formas claras de establecer contacto entre el cliente y nosotros.

Muchas veces he pasado por la penosa experiencia de buscar infructuosamente la forma de conectarme con un soporte técnico, descubriendo al final de una interminable cadena de links que sólo podía hacerlo a través de un impersonal formulario, que me hacía sentir, por su extensión, que sólo era un obstáculo para impedir la consecución de mi objetivo.

¿QUÉ PIENSA EL VISITANTE?

Permitamos al visitante expresar su opinión acerca de nuestro sitio.

Podemos generar el mejor contenido con la más increíble tecnología, pero tal vez no sea lo que se está esperando de nuestro sitio.

Podemos obtener opiniones a través de un formulario, colocando un libro de visitas *(guestbook)*, incorporando un casillero de comentarios al existente formulario de contacto, pero también implementando la posibilidad de voto *(voting booth)* por parte del visitante.

Existen algunos sitios (**www.insta-poll.com**) que brindan la posibilidad gratuita de instalar un sistema de votación on line, generando una serie de opciones que el visitante podrá elegir, y luego observar resultados inmediatamente.

Tecnológicamente es muy sencillo incorporar esta opción al sitio, ya que sólo implica agregar unas pocas líneas de código a nuestra página web.

EN POCAS PALABRAS

Colocar un sitio en la Web no es simplemente tener presencia, "porque hay que estar". Es importante evaluar cuidadosamente una estrategia de marketing tendiente a crecer, a apoyar nuestra actividad palpable y que seguramente aportará un valor agregado a nuestra empresa. Como consecuencia de ello, y tiempo mediante, redundará en un beneficio económico tangible.

Los pequeños y medianos emprendimientos tienen un lugar de privilegio en la Red y más allá de las buenas o no tan buenas interfases que presenten, tendrán amplias chances de éxito aquellas que logren sobrepasar el "hay que estar en Internet porque sí" y el habitual traslado de catálogos y papelería en general al sitio.

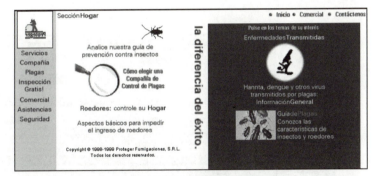

www.proteger.com.ar

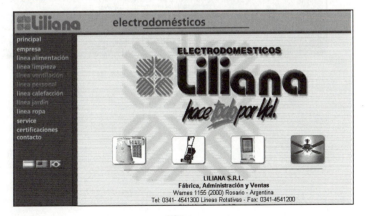

www.liliana.com.ar

En síntesis **12**

Ferretería Lo de Pedro es el lugar exacto para encontrar de todo.
Con atención personalizada, estando a su lado podemos asesorarle en todo
aquello que su hogar, su taller, su casa country pueda necesitar.

• La mayor variedad y el más amplio surtido de productos •

• Asesoramiento por rubro y especialidad •

www.lodepedro.com.ar

www.locapi.com.ar

Un ejemplo de contenidos e información dirigido a un segmento específico:

Ad-Line es el primer sitio en Internet dedicado exclusivamente a la publicidad argentina y sus protagonistas.

Es un medio con identidad propia, exclusivamente virtual, que se posiciona como referente para el sector por la variedad e importancia de su contenido.

La estrategia es brindar información segmentada, en constante actualización, dirigida a un target específico del mercado compuesto por agencias de publicidad, empresas de marketing, proveedores del sector, medios especializados, empresas/anunciantes, estudiantes y amantes de la publicidad.

Ofrece información diaria de las noticias del sector, el listado de todas las agencias de publicidad y las cuentas que atienden, consulta a través de bases de datos, artículos e investigaciones, imágenes de campañas, comerciales de TV y radio, y foros de interés para que los visitantes interactúen. Además, es vínculo directo entre las empresas que ofrecen servicios y productos y sus potenciales clientes. Funciona también como vidriera para que los profesionales muestren sus logros y trayectoria laboral.

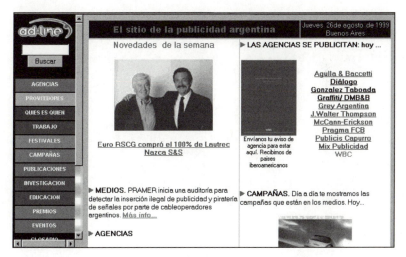

www.ad-line.com.ar

SERVICIOS AL LECTOR:

- Direccionario
- Listado de proveedores de Internet en la Argentina
- Indice alfabetico

En esta importante sección encontrará todos los servicios adicionales que Compumagazine pone a disposición de los lectores, para garantizar una comprensión integral del tema desarrollado en este libro.

i

DIRECCIONARIO

Editores Html

Lorenz Graf's HTML editor	www.lograf.com
DreamWeaver de Macromedia	www.macromedia.com
Netobjects	www.netobjects.com
HotDog	www.sausage.com
Home Site	www.allaire.com
FrontPage	www.microsoft.com/frontpage
Dreamweaver	www.dreamweaver.com
DrumBeat	www.drumbeat.com

Gráficos, plug-ins

Extensis	www.extensis.com
Alienskins	www.alienskin.com
Ulead	www.ulead.com
Coffeecup	www.coffeecup.com
Xaos	www.xaostools.com

Java Applets, JavaScript, componentes en general

El Scripto	www.elscripto.com
J-Bots Websunlimited	www.websunlimited.com
The Javascript Source	javascript.internet.com
Text-O-Matic	textomatic.superstats.com
JavaWorld	www.javaworld.com
Voting booth	www.insta-poll.com

Hosting gratuito

Geocities	www.geocities.com
Xoom	www.xoom.com
Tripod	www.tripod.com
Starmedia	www.starmedia.com
El Sitio	www.elsitio.com

Servicios al lector

Registro de dominio en Argentina

Nic	www.nic.ar (registro para sitio Web)

Registro masivo de sitios

-En castellano

Atajos-Auto-Registralo	www.enter.net.mx/xyz/atajos/autoregistralo.html
Dejar Huella	www.lpis.com/huella
Director de Cinfonet	www.cinfonet.com/director/alta.htm
MEGA-REGISTRO	www.megapolis.net/alta
Promuevete	www.yuppi.com.ve/promocion
SpanishSubmit	www.spanishbanner.com/submit

-En inglés

Add it!	www.liquidimaging.com/submit
Submit Away	www.submit-away.com
SubmitIt!	www.submit-it.com
Easy —Submit	www.the-vault.com/easy-submit
Internet Promotion Megalist	www.2020tech.com/submit.html

Intercambio de banners

Atajos Intercambio	www.xyz.com.mx/atajos/intercambio
ClickLatino	www.clicklatino.com
HispaBanners	hispabanners.hypermart.net
JopiBanner	www.jopinet.com/jopibanner
Mexico Hyperbanner	mexico.hyperbanner.net
MiniBanner	www.pegatinas.com
Spain Hyperbanner	spain.hyperbanner.net
SpanishBanner	www.spanishbanner.com
Vincles	vincles.minim.org
Intercambio de banners argentino	i-arg.hypermart.net
LinkExchange	www.linkexchange.com

Web Rings

SpanishRing	www.spanishring.com
TecnoRing	www.lanzadera.com/tecnoring
WebRing	www.webring.org

Buscadores y Directorios

Yahoo!	www.yahoo.com
Yahoo en Español	español.yahoo.com
Altavista	www.altavista.com
Excite	www.excite.com
HotBot	www.hotbot.com
Infoseek	www.infoseek.com
Lycos	www.lycos.com
Gauchonet	www.gauchonet.com.ar
Clarín	www.buscador.clarin.com.ar
Radar	www.radar.com.ar

Administración de listas de correo

Onelist	www.onelist.com
Egroups	www.egroups.com
Coollist	www.coollist.com
Netscape	websitepostoffice.netscape.com

Estadística

Ciberstats	ciberstats.com
Superstats	www.superstats.com

Atención personalizada on line

Icontact	www.icontact.com

Web Plug-ins

Acrobat	www.adobe.com
Apple QuickTime Plug-In	www.apple.com/quicktime
Beatnik	www.headspace.com
Crescendo	www.liveupdate.com/crescendo.html
Liquid MusicPlayer	www.liquidaudio.com
RealAudio	www.real.com
Shockwave – Flash	www.macromedia.com
Vivo	www.vivo.com

Servicios al lector

ICQ

Sitio oficial

www.icq.com.ar	
Qtalka	www.minidata.co.nz/qtalk (plug-in para comunicarse con voz)

Repositorios de software

Download	www.download.com
Tucows	www.tucows.com

Registro a través de software

Exploit Submission Wizard	www.exploit.net/wizard/index.htm
AddWeb	www.cyberspacehq.com/home.htm

LISTADO DE PROVEEDORES DE INTERNET DE LA ARGENTINA

Esta lista muestra los proveedores nacionales, tanto mayoristas como minoristas, comerciales y académicos, ordenados por ciudad; y dentro de cada una de ellas, en forma alfabética.

25 de Mayo
CIUDAD DIGITAL - PRIMA 25 DE MAYO
Tel. 02345-464400
Web: www.ciudad.com.ar

9 de Julio
UNETE - ENI ARGENTINA
Tel. 4904-0730
Web: www.unete.com

Abasto
COOP. TELEF. ABASTO
E-mail comercial: abasto@abasto.dataco27.com.ar
Dirección: CALLE 208 ENTRE 515 Y 516
Tel. 0221-4913000 Fax: 0221-4913319
Sitio Web: www.dataco27.com.ar

Adelia María
COOP. TELEF. ADELIA MARIA ADELIA MARIA
E-mail comercial: cooptel@amaria.com.ar
Dirección: GOBERNADORSABATTINI 76
Tel. 03585-420199/420299/42 Fax: 03585-420000
Comercial: 0399
Sitio Web: amaria.datacop4.com.ar

Alta Gracia
SICONET ALTA GRACIA
E-mail comercial: master@siconet.com.ar
Dirección: ROMA 444

Apóstoles
MASTER NET APOSTOLES
Dirección: BELGRANO 1045
Tel. 03758-424300 Fax: 03758-422993
Sitio Web: www.master-net.com.ar

Azul
ADVANCE TELECOMUNICACIONES
E-mail comercial: azul@cpsarg.com
Dirección: URIBURU 765
Tel. 02281-43-1680
Sitio Web: www.advance.com.ar

ARGENTINA ON LINE
Sitio Web: www.ba.net

UNETE - ENI ARGENTINA AZUL
Tel. 4904-0730
Sitio Web: www.unete.com

Bahía Blanca
ADVANCE TELECOMUNICACIONES
E-mail comercial: 0610bblanca@cpsarg.com
Dirección: ALSINA 184
Tel. 0291-45-64887
Sitio Web: www.advance.com.ar

ARGENTINA ON LINE
Tel. 0291-4555-596
Sitio Web: www.ba.net

ARNET - TELECOM SOLUCIONES S.A.
Dirección: ALEM 180
Tel. 0291-455-1555
Sitio Web: www.arnet.com.ar

DATAMARKETS NETWORK SERVICES
E-mail comercial: bblanca@datamarkets.com.ar
Dirección: LAS HERAS 122
Tel. 0291-4561222
Sitio Web: www.datamarkets.com.ar

SSDNET - INTERNET CENTER / SISCOTEL
E-mail comercial: info@ssdnet.com.ar
Sitio Web: www.ssdnet.com.ar

UNETE - ENI ARGENTINA BAHIA BLANCA
Tel. 4904-0730
Sitio Web: www.unete.com

Balcarce
SSDNET - INTERNET CENTER / SISCOTEL
E-mail comercial: iacbalc@teletel.com.ar
Dirección: AV. DEL VALLE 525
Tel. 02266-43-1122
Sitio Web: www.ssdnet.com.ar

TELEFAX INTERNET
E-mail comercial: telefax@telefax.com.ar
Dirección: CALLE 19 NRO. 689
Tel. 02266-431529
Sitio Web: www.telefax.com.ar

Servicios al lector

UNETE - ENI ARGENTINA
Tel. 4904-0730
Sitio Web: www.unete.com

ADVANCE TELECOMUNICACIONES
E-mail comercial: bariloch@satlink.com
Dirección: BELGRANO 65
Tel. 02944-43-5731
Sitio Web: www.advance.com.ar

Bariloche
ARGENTINA ON LINE
Sitio Web: www.ba.net

ARNET - TELECOM SOLUCIONES S.A.
Dirección: QUAGLIA 115
Tel. 02944-42-0058
Sitio Web: www.arnet.com.ar

CEB - COOP. DE ELECTRICIDAD BARILOCHE LTDA.
E-mail comercial: info@bariloche.com.ar
Dirección: VICE ALTE. O'CONNOR 730
Tel. 02944-426102 Fax: 02944-422453
Sitio Web: www.bariloche.com.ar

CYBERSNET
E-mail comercial: cyberc@cybersnet.com.ar
Sitio Web: www.cybersnet.com.ar

UNETE - ENI ARGENTINA
Tel. 4904-0730
Sitio Web: www.unete.com

Bell Ville
SOUTHLINK S.R.L. BELL VILLE
Tel. 03534-423844
Sitio Web: www.southlink.com.ar

Benavidez
NETBEN
E-mail comercial: webmaster@netben.com.ar
Sitio Web: www.netben.com.ar

Brandsen
SSDNET - INTERNET CENTER / SISCOTEL
E-mail comercial: planet@ssdnet.com.ar
Dirección: ALMAFUERTE 1493
Tel. 02223-44-2174
Sitio Web: www.ssdnet.com.ar

Buenos Aires
DILHARD
E-mail comercial: info@dilhard.com.ar
Dirección: NICOLAS REPETTO 4270
Tel. 4717-4333 Fax: 4717-4605
Sitio Web: www.dilhard.com.ar

ESCAPE INTERNET PROVIDER S.R.L.
E-mail comercial: info@escape.com.ar
Tel. 4281-1444
Sitio Web: www.escape.com.ar

MEGABIT BUENOS AIRES
E-mail comercial: megabit@megabit.com.ar
Dirección: SCHUMAN 15
Tel. 4665-1237 4662-9670
Sitio Web: www.megabit.com.ar

SION BUENOS AIRES
Dirección: GAONA 4455
Tel. 4313-2500 Fax: 4313-0377
Sitio Web: www.sion.com

TURDERA NEVADA COMUNICACIONES
Dirección: SAN SALVADOR (OSAN MATEO) 262
Tel. 4298-2808/1283 Fax: 4298-2808
Sitio Web: www.turdera.com.ar

WINNER NET
E-mail comercial: mail@winnernet.com.ar
Dirección: CONSTITUCION 545
Tel. 4725-1279/3658
Sitio Web: www.winnernet.com.ar

Campana
DELTA
Tel. 03489-424441
Sitio Web: www.delta.com.ar

SSDNET - INTERNET CENTER / SISCOTEL
E-mail comercial: info@delta.com.ar
Dirección: RIVADAVIA 360
Tel. 03489-42-4441
Sitio Web: www.ssdnet.com.ar

UNETE - ENI ARGENTINA
Tel. 4904-0730
Sitio Web: www.unete.com

UTENET (EX-DELT@NET)
Dirección: AV. SAN MARTIN 1171
Tel. 03489-437616 Fax: 03489-437615
Sitio Web: www.utenet.com.ar

Cañada de Gomez
C.S.T.COMPANIA DE SERVICIOS DE TELECOMUNIC.
Dirección: BV. BALCARCE 759
Tel. 03471-422101/426530
Sitio Web: www.cst-ar.com

Canals
COOP. CANALS
E-mail comercial: coopcanals@canals.dataco21.com.ar
Dirección: SARMIENTO 311
Tel. 03463-420041/420077
Fax: 03463-420041
Sitio Web: www.grucoop.com.ar

Capital Federal
ABACO NET
E-mail comercial: info@abaconet.com.ar
Dirección: ZANERTU 1360
Tel. 4921-3331 Fax: 4924-1567
Sitio Web: www.abaconet.com.ar

ACT INTERNET SOLUTION PROVIDER — ACT S.R.L.
Dirección: CALLAO 2054 3
Tel. 4804-7700
Sitio Web: www.act.net.ar

ADVANCE TELECOMUNICACIONES
E-mail comercial: infocliente@infovia.com.ar
Dirección: TUCUMAN 1 PISO 8
Tel. 0-800-222-382623 Fax: 4510-1911
Sitio Web: www.advance.com.ar

AGRONET ONLINE (DE IBM DE ARGENTINA)
Dirección: ING. BUTTY 275
Tel. 4319-7020 Fax: 4319-7021
Sitio Web: www.agronet.com.ar

ALLEGRO ARGENTINA
E-mail comercial: informes@allegro.net.ar
Tel. 4372-7311
Sitio Web: www.allegro.com.ar

ALTER ONLINE
Dirección: L. M. CAMPOS 1521 2 B
Tel. 15-4-471-7862 Fax: 4788-5458

APUNET
E-mail comercial: webmaster@apunet.com.ar
Tel. 4789-9264 / 4786-0069
Sitio Web: www.apunet.com.ar

ARGENTINA ON LINE
Dirección: BERNARDO DE IRIGOYEN 546 PISO 6
Tel. 4343-9999
Sitio Web: www.ba.net

ARNET - TELECOM SOLUCIONES S.A.
E-mail comercial: info@arnet.com.ar
Dirección: CERRITO 866 3P
Tel. 0-800-888-27638
Sitio Web: www.arnet.com.ar

CANOPUS BBS
Dirección: TRONADOR 1931
Tel. 4554-0489 Fax: 4551-6104
Sitio Web: www.cano.com.ar

CITEC
Tel. 4523-1025
Sitio Web: www.citec.com.ar

CIUDAD DIGITAL
E-mail comercial: webmaster@ciudad.com.ar
Dirección: LIMA 1271
Tel. 4510-4510
Sitio Web: www.ciudad.com.ar

CIUDAD VIRTUAL 2000 - AMERICAN MULTIMEDIA PRO-VIDER
E-mail comercial: info@amp2000.com.ar
Tel. 4734-5076
Sitio Web: www.amp2000.com.ar

COMINT-AR
Dirección: PARANA 851 5 PISO
Tel. 4812-1672 4813-8706 Fax: 4812-1672
Sitio Web: www.comintar.com

COMNET
E-mail comercial: info@comnet.com.ar
Dirección: AV. CORDOBA 1318 3ºA
Tel. 4374-6000 Fax: 4373-2460
Sitio Web: www.comnet.com.ar

COMPUDATA
E-mail comercial: info@compudata.com.ar
Dirección: R.L. FALCON 6635 3 C
Tel. 4644-3440
Sitio Web: www.compudata.com.ar

COMSAT ARGENTINA S.A.
E-mail comercial: Ventas@comsat.com.ar
Dirección: CARLOS PELLEGRINI 1363 6TO
Tel. 4819-1400 Fax: 4325-9719
Sitio Web: www.comsat.com.ar

COTELCO
Dirección: ESMERALDA 570 6O
Tel. 4322-4600 Fax: 4327-1972
Sitio Web: www.cotelco.com.ar

CPS COMUNICACIONES
E-mail comercial: info@cps.com.ar
Dirección: LAVALLE 1536 1 PISO OF 3
Tel. 4371-8440 Fax: 4375-0542
Sitio Web: www.cps.com.ar

CS COM INTERNET PROVIDER
E-mail comercial: info@CS COM.com.ar
Dirección: PERU 84 PISO 4
Tel. 4345-6611
Sitio Web: www.CS COM.com.ar

DACAS BBS
E-mail comercial: ventas@dacas.com.ar
Dirección: ARRIBEÑOS 2153 7 D
Tel. 4786-7887
Sitio Web: www.dacas.com.ar

DATACOOP
E-mail comercial: webmaster@datacoop.com.ar
Dirección: AV. DE MAYO 1430 4ø OF. 27
Tel. 4381-1562 / 4381-0716 Fax: 4381-1562 / 4381-0716
Sitio Web: www.datacoop.com.ar

DATAMARKETS NETWORK SERVICES
E-mail comercial: info@datamarkets.com.ar
Dirección: MAIPU 53 PISO 2
Tel. 4331-6500 Fax: 4343-3279
Sitio Web: www.datamarkets.com.ar

DESARROLLOS DIGITALES
E-mail comercial: info@feedback.com.ar
Dirección: TALCAHUANO 446 7 PISO
Tel. 4375-5700
Sitio Web: www.dd.com.ar

Servicios al lector

DIAL UP NETWORK SOLUTIONS
Dirección: RIVADAVIA 822
Tel. 4345-3325
Sitio Web: www.dialup.com.ar

DIVEO (DIGINET ARGENTINA)
E-mail comercial: info@diveo.net.ar
Tel. 4378-5100 Fax: 4378-5150
Sitio Web: www.diveo.net.ar

EASY MAIL
E-mail comercial: info@easyar.attmail.com
Dirección: BOUCHARD 680 PISO 11
Tel. 4590-8800 Fax: 4590-8866

EXO INTERNET PROVIDER
Dirección: AV. J DE GARAY 1
Tel. 4378-5430 Fax: 4378-5427
Sitio Web: www.exo.com.ar

FIBERTEL TCI
E-mail comercial: ventas@fibertel.com.ar
Dirección: AMENABAR 23
Tel. -800-888-34237 Fax: 4778-6442
Sitio Web: www.fibertel.com.ar

GIGASYSTEM BBS
E-mail comercial: contacto@giga.com.ar
Dirección: PASAJE RIO PIEDRAS 1790
Tel. 4703-2289 4702-1481 Fax: 4703-2289
Sitio Web: www.giga.com.ar

GLOBAL ONE
Dirección: CARABELAS 241 6 PISO
Tel. 4394-0789 Fax: 4394-0831
Sitio Web: www.global-one.net

HOUSEWARE
Dirección: TALCAHUANO 167, 3 "A"
Tel. 4381-2400 Fax: 4382-5605
Sitio Web: www.houseware.com.ar

IBM INTERNET CONNECTION
E-mail comercial: dmartin@ar.ibm.com
Dirección: ING. BUTTY 275
Tel. 4319-6666 4313-0014 Fax: 4319-6666
Sitio Web: redes.ibm.com.ar

ICONET
Dirección: PARAGUAY 419 - 3 PISO OF.38
Tel. 4311-4606 Fax: 4311-4606
Sitio Web: www.iconet.com.ar

INEA INTERNET
E-mail comercial: info@inea.com.ar
Dirección: RIVADAVIA 755 PISO 1 OF. A
Tel. 4342-7544 Fax: 4342-0468
Sitio Web: www.inea.com.ar

INFORED CONSULRED S.A.
Dirección: 25 DE MAYO 431 1
Tel. 4312-3159 4371-8440
Sitio Web: www.infored.com.ar

INFOSTAR
E-mail comercial: info@infostar.com.ar
Tel. 4315-5353 Fax: 4312-0139
Sitio Web: www.infostar.com.ar

INTERCHECK INTERNET PROVIDER
E-mail comercial: info@audimed.com.ar
Tel. 4576-9001
Sitio Web: www.itc.com.ar

INTERLINK NETWORK S.R.L.
E-mail comercial: info@interlink.com.ar
Dirección: AV. CORDOBA 466 EP LOCAL 28
Tel. 4315-6510 Fax: 4312-2912
Sitio Web: www.interlink.com.ar

INTERMEDIA COMUNICACIONES S.A.
E-mail comercial: ventas@intermedia.com.ar
Dirección: ALEM 668, PISO 4 A
Tel. 4312-9444 Fax: 4313-2144
Sitio Web: www.intermedia.com.ar

INTERNATIONAL ACCESS S.A.
Dirección: AV. CORRIENTES 1922, PISO 1
Tel. 4959-9992 Fax: 4953-0336
Sitio Web: www.inacc.com.ar

INTERNET ARGENTINA
E-mail comercial: info@interar.com.ar
Dirección: AV. FIGUEROA ALCORTA 3800
Tel. 4808-3400 Fax: 4812-8012
Sitio Web: www.interar.com.ar

INTERNET IMPSAT
E-mail comercial: infoimpsat@impsat1.com.ar
Dirección: ALFEREZ PAREJA 256
Tel. 4318-8300 Fax: 4362-5030
Sitio Web: www.internet.impsat.com.ar

INTERNET PROVIDERS S.A.
E-mail comercial: ventas@interprov.com
Dirección: SAN MARTIN 663, PISO 5
Tel. 4314-6444 Fax: 4312-3060
Sitio Web: www.interprov.com

INTERSERVER ONLINE
Dirección: AV. DE MAYO 881 3ERO
Tel. 4345-0607/0600 Fax: 4345-0600/0603
Sitio Web: www.interserver.com.ar

KEYCOM S.A. TELEMATICA
Dirección: LA PAMPA 2895 PB 'B'
Tel. 4787-4000 Fax: 4783-3637
Sitio Web: www.keycom.com.ar

LOS PINOS II
E-mail comercial: info@pinos.com
Dirección: CASEROS 439 PISO 1
Tel. 4307-0201 Fax: 4303-0201
Sitio Web: www.pinos.com

LV&D XL-NET
E-mail comercial: info@lvd.com.ar
Dirección: CERRITO 1136. 5 PISO
Tel. 4819-5100

MAINET ON LINE SERVICES
E-mail comercial: webmaster@argenweb.com
Dirección: VTA. DE OBLIGADO 1489 5O "A"
Tel. 4867-4683 Fax: 4782-5826
Sitio Web: www.argenweb.com

MAKARUK
E-mail comercial: ventas@makaruk.com.ar
Dirección: CHILE 537 PISO 4
Tel. 4362-1061/0261
Sitio Web: www.makaruk.com.ar

MICROSTAR S.A.
Dirección: LEANDRO ALEM 693 4TO
Tel. 0-800-555-64276 Fax: 4313-7887
Sitio Web: www.microstar.com.ar

MINIPHONET
Dirección: CORRIENTES 655
Tel. 0800-888-27638
Sitio Web: www.miniphone.com.ar

MOVINET DE MOVICOM
E-mail comercial: infomovicom@movi.com.ar
Tel. 4325-5220 Fax: 4326-5300
Sitio Web: www.movi.com.ar

M SE - MULTISERVICIOS EMPRESARIALES
E-mail comercial: info@M Se.com.ar
Dirección: PASEO COLON 1219 PISO 11 OF. 42
Tel. 4300-6883/6870
Sitio Web: www.M Se.com.ar

MULTICANAL
E-mail comercial: info@multicanal.com.ar
Tel. 0800-333-8800 Comercial: 4959-4200
Sitio Web: www.multicanal.com.ar

NAT CYBERWEB -NEW AGE TECHNOLOGY S.R.L.
Dirección: AVDA. CORDOBA 875, PISO 4 B
Tel. 4313-4401 Fax: 4313-1920
Sitio Web: www.nat.com.ar

NET 12
E-mail comercial: info@net12.com.ar
Dirección: TUCUMAN 2190 PISO 5 OF 52
Tel. 4373-4546
Sitio Web: www.net12.com.ar

NET EXPRESS S.A.
E-mail comercial: Servicios@netex.com.ar
Dirección: AV. BELGRANO 430 PISO 1 OF. A
Tel. 4343-8620 Fax: 4343-8614
Sitio Web: www.netex.com.ar

NETIZEN
E-mail comercial: info@netizen.com.ar
Dirección: PERU 263 2 PISO
Tel. 4345-5186
Sitio Web: www.netizen.com.ar

NETLINE
E-mail comercial: info@netline.net.ar
Tel. 4555-0500 Fax: 4553-0607
Sitio Web: www.netline.net.ar

NETSTAT
E-mail comercial: info@netstat.com.ar
Dirección: SARMIENTO 1562 PISO 7
Tel. 4381-6911 Sitio Web: www.netstat.com.ar

NEXUS BBS
E-mail comercial: sysop@nexusbbs.com.ar
Tel. 4777-9488 Fax: 4777-9488
Sitio Web: www.nexusbbs.com.ar

PCCP S.A.
E-mail comercial: info@pccp.com.ar
Dirección: PARAGUAY 2302, PISO 5, OF 4/5
Tel. 4962-1469 / 4470-8256 Fax: 4962-1469
Sitio Web: www.pccp.com.ar

PEOPLE'S NETWORK
E-mail comercial: info@peoples.com.ar
Dirección: BERUTI 2770
Tel. 4827-1010
Sitio Web: www.peoples.com.ar

RCC - RED COOPERATIVA DE COMUNICACIONES
E-mail comercial: rcc@rcc.com.ar
Dirección: VERA 431 PISO 1 OF. B
Tel. 4857-7004 Fax: 857-7100
Sitio Web: www.rcc.com.ar

REDCYT RED CIENTIFICA Y TECNOLOGICA NACIONAL
E-mail comercial: info@secyt.gov.ar
Dirección: AV. CORDOBA 831 PISO 3RO
Tel. 4312-8917/3099 Fax: 4313-8389
Sitio Web: www.redcyt.secyt.gov.ar

REDUBA - RED DE LA UNIVERSIDAD DE BUENOS AIRES
E-mail comercial: info@ccc.uba.ar
Tel. 4787-2674 4788-9101 al Fax: 4787-2656
Comercial: 07 interno 600
Sitio Web: www.uba.ar

REFFDC (RED ELECT. FED. DE FORMACION DOCENTE CONT)
E-mail comercial: info@mcye.gov.ar
Dirección: PALACIO PIZZURNO - PIZZURNO 935
Tel. 4812-4800 4814-5151 Comercial: 4815-6863
Sitio Web: www.mcye.gov.ar

RETINA - RED TELEINFORMATICA ACADEMICA
E-mail comercial: info@retina.ar
Dirección: AV. CORRIENTES 2835 - 5O A - CUERPO A
Tel. 4961-1824 4962-1330 Fax: 4962-1330
Sitio Web: www.retina.ar

Servicios al lector

SEDECO S.A.
E-mail comercial: info@sedeco.com.ar
Dirección: RECONQUISTA 1034 - PISO 4
Tel. 4315-2424 Fax: 4315-7015
Sitio Web: www.sedeco.com.ar

SEEK SISTEMAS
E-mail comercial: webmaster@seek.com.ar
Dirección: TUCUMAN 1673 - 5§ OF. 10
Tel. 4374-6118/0027 Fax: 4374-6118 ext.35
Sitio Web: www.seek.com.ar

SERVICE NET S.R.L.
E-mail comercial: ventas@servicenet.com.ar
Dirección: AV. BELGRANO 430 4D
Tel. 4345-8228 Fax: 4345-8338
Sitio Web: www.servicenet.com.ar

SGINET
Dirección: AV. LIBERTADOR 221 1ºB
Tel. 4328-2545/0800
Sitio Web: www.sginet.com.ar

SICOAR - SISTEMAS COMERCIALES ARGENTINOS
E-mail comercial: info@sicoar.com
Dirección: SANTA FE 2450 LOCAL 88
Tel. 4825-7125 4511-9151 Fax: 4825-7410
Sitio Web: www.sicoar.com

SINECTIS S.A.
E-mail comercial: info@sinectis.com.ar
Dirección: TUCUMAN 540 PISO 11 OF. H
Tel. 4394-0500
Sitio Web: www.sinectis.com.ar

SMART S.A.
Dirección: C. PELLEGRINI 1363 11º PISO
Tel. 4394-4990 4322-1804 Fax: 4322-1824
Sitio Web: www.smartar.com

SOHO SOLUTIONS
E-mail comercial: info@soho-ar.com
Dirección: FLORIDA 482
Tel. 4371-1337 4342-7191
Sitio Web: www.soho-ar.com

SSDNET - INTERNET CENTER / SISCOTEL
E-mail comercial: info@ssdnet.com.ar
Dirección: MAIPU 24
Tel. 4343-1500 Fax: 4334-6283
Sitio Web: www.ssdnet.com.ar

STEP ONLINE
Dirección: ESMERALDA 961 5 C
Tel. 4311-0065 Fax: 4312-5717
Sitio Web: www.step.net.ar

SUDNET - GLITZE-NEUMANN S.A.
E-mail comercial: info@sudnet.com.ar
Dirección: YATAY 760 1 "C"
Tel. 4861-8292/9489/2029 Fax: 4861-9489
Sitio Web: www.sudnet.com.ar

TELECOM INTERNACIONAL - TELINTAR NORTE
Dirección: A. M. DE JUSTO 50 PISO 4
Tel. 0-800-888-0555
Sitio Web: www.telintar-norte.com.ar

TELINTAR SUR
Dirección: TUCUMAN 1º 4
Tel. 0-800-222-0222 Comercial: 4332-9200
Sitio Web: www.tcint.com.ar

TOTAL INTERNET BBS COMMUNICATIONS S.R.L.
E-mail comercial: bbscom@totalnet.com.ar
Dirección: AVSTA FE 3586 13º A
Tel. 4826-5732 Fax: 4826-5732
Sitio Web: www.totalnet.com.ar

TOURNETS.A.
E-mail comercial: info@tournet.com.ar
Dirección: VIAMONTE 723 3º OF. 11/13
Tel. 4326-4878 Fax: 4394-6507
Sitio Web: www.tournet.com.ar

UNETE - ENI ARGENTINA
E-mail comercial: argentina@unete.com
Dirección: VIEL 222 PISO 2º A
Tel. 4904-0730
Sitio Web: www.unete.com

VCC INTERACTIVE
Tel. 4523-5115 Fax: 4523-5335 int. 877
Sitio Web: www.vcc.com.ar

VIA NETWORKS - S&M INTERNET
E-mail comercial: ventas@sminter.com.ar
Dirección: DIAGONAL ROQUES. PEÑA 971 4º
Tel. 4323-3333 Fax: 4327-4400
Sitio Web: www.sminter.com.ar

EXTRANETS WAELDER COMMUNICATIONS
Dirección: PARANA 754 5º A
Tel. 4812-0300 Fax: 4812-0300
Sitio Web: www.waelder.com.ar

WAYNET ON-LINE!
E-mail comercial: info@way.net.ar
Dirección: VIRREY DEL PINO 2461 11º A
Tel. 4780-3600 Fax: 4780-3600
Sitio Web: www.way.net.ar

WORLD LINK
Dirección: VIRREY OLAGUER Y FELIU 2690 PB 2
Tel. 4785-0298 4782-7189 Fax: 4788-3447
Sitio Web: www.world.com.ar

Catamarca
ADVANCE TELECOMUNICACIONES
E-mail comercial: catamar@satlink.com
Dirección: SARMIENTO 727 LOCAL 22
Tel. 03833-43-2727
Sitio Web: www.advance.com.ar

ARGENTINA ON LINE
Sitio Web: www.ba.net

ARNET - TELECOM SOLUCIONES S.A.
Dirección: RIVADAVIA 916 -GALERIA PASEO DEL CENTRO LOC. 26
Tel. 03833-42-3918
Sitio Web: www.arnet.com.ar

CEDECONET
E-mail comercial: info@cedeconet.com.ar

UNETE - ENI ARGENTINA
Tel. 4904-0730
Sitio Web: www.unete.com

Catriel
COTECAL - COOP. TELEF. CATRIEL
E-mail comercial: cotecal@catriel.datacop9.com.ar
Dirección: LA PAMPA 499
Tel. 0299-4911197/4911396 Fax: 0299-4912000/4913000
Sitio Web: www.datacoop.com.ar

Centenario
NEUNET - COOPERATIVA TELEFONICA
Dirección: BOLIVIA 132
Tel. 0299-4894000/4891067 Fax: 0299-4894200
Sitio Web: www.neunet.com.ar

Chacabuco
SSDNET - INTERNET CENTER / SISCOTEL
E-mail comercial: info@ssdnet.com.ar
Sitio Web: www.ssdnet.com.ar

Charata
LA NAVE INTERNET
E-mail comercial: webmaster@lanavech.com.ar
Dirección: GUEMES 1049 LOCAL 1 Y 5 1°
Tel. 03731-421999
Sitio Web: www.lanavech.com.ar

Chascomús
ADVANCE TELECOMUNICACIONES
E-mail comercial: lanave2@satlink.com
Dirección: SOLER 242
Tel. 02241-43-6817
Sitio Web: www.advance.com.ar

ARGENTINA ON LINE
Sitio Web: www.ba.net

UNETE - ENI ARGENTINA
Tel. 4904-0730
Sitio Web: www.unete.com

Chilecito
SSDNET - INTERNET CENTER / SISCOTEL
E-mail comercial: info@ssdnet.com.ar
Sitio Web: www.ssdnet.com.ar

Chivilcoy
ADVANCE TELECOMUNICACIONES
E-mail comercial: chivilcoy@cpsarg.com
Dirección: PELLEGRINI 57 1° PISO
Tel. 02346-43-5757
Sitio Web: www.advance.com.ar

ARGENTINA ON LINE
Sitio Web: www.ba.net

SSDNET - INTERNET CENTER / SISCOTEL
E-mail comercial: chivilc1@ssdnet.com.ar
Dirección: RIVADAVIA 68
Tel. 02346-43-5588
Sitio Web: www.ssdnet.com.ar

UNETE - ENI ARGENTINA
Tel. 4904-0730
Sitio Web: www.unete.com

Cipoletti
SSDNET - INTERNET CENTER / SISCOTEL
Sitio Web: www.ssdnet.com.ar

Claypole
SIA TECHNOLOGIST ISP
E-mail comercial: comerciala@technologist.com
Dirección: MANZANA #32 D7
Tel. 4268-6161 Fax: 4268-6161
Sitio Web: www.siatech.com.ar

Clorinda
COOP. SERV. PUBLICOS CLORINDA
E-mail comercial: coopclor@clorinda.datacop6.com.ar
Dirección: JOSE F. CANCIO 1140
Tel. 03718-421000 Fax: 03718-422071
Sitio Web: www.datacop6.com.ar

Colón
SSDNET - INTERNET CENTER / SISCOTEL
E-mail comercial: cabletv@teletel.com.ar
Dirección: PRESIDENTE PERON 142
Tel. 03447-42-3400
Sitio Web: www.ssdnet.com.ar

Colonia Caroya
COOP.SERV. PUBLICOS COLONIA
E-mail comercial: coop@datacop5.com.ar
Dirección: J. ALICE Y DON BOSCO
Tel. 03525-466201 Fax: 03525-466201
Sitio Web: www.datacop5.com.ar

Comodoro Rivadavia
ADVANCE TELECOMUNICACIONES
E-mail comercial: oficina@comodoro.satlink.net
Dirección: ALSINA 773
Tel. 0297-44-68415
Sitio Web: www.advance.com.ar

ARGENTINA ON LINE
Sitio Web: www.ba.net

Servicios al lector

ARNET – TELECOM SOLUCIONES S.A.
Dirección: AV. SAN MARTIN 925
Tel. 0297-447-4010
Sitio Web: www.arnet.com.ar

CIUDAD DIGITAL
Tel. 0-800-555-2483
Sitio Web: www.ciudad.com.ar

PRISMA ASSIST
Dirección: RAWSON 635
Tel. 0297-4478902 Fax: 0297-441200
Sitio Web: www.patagonia.net.ar

UNETE - ENI ARGENTINA
Tel. 4904-0730
Sitio Web: www.unete.com

Concepcion del Uruguay
EDITCOM
E-mail comercial: editcom@editcom.com.ar
Dirección: MORENO 105
Tel. 03442-4-27227
Sitio Web: www.editcom.com.ar

SSDNET - INTERNET CENTER / SISCOTEL
Sitio Web: www.ssdnet.com.ar

UNETE - ENI ARGENTINA
Tel. 4904-0730
Sitio Web: www.unete.com

Concordia
ARNET - TELECOM SOLUCIONES S.A.
Dirección: 1º DE MAYO 158
Tel. 0345-422-2002
Sitio Web: www.arnet.com.ar

COOP. ELECT. CONCORDIA LTDA.
Dirección: URQUIZA 600
Tel. 0345-422-2242 Fax: 0345-421-7146
Sitio Web: www.concordia.com.ar

UNETE - ENI ARGENTINA
Tel. 4904-0730
Sitio Web: www.unete.com

Cordoba
@CBA INTERNETSERVICE PROVIDER
E-mail comercial: cba@cba.com.ar
Dirección: JUJUY 71, LOCAL 6
Tel. 0351-4231212
Sitio Web: www.cba.com.ar

ADVANCE TELECOMUNICACIONES
E-mail comercial: ipp@satlink.com
Dirección: M. FRAGUEIRO 214
Tel. 0351-42-55000
Sitio Web: www.advance.com.ar

ARGENTINA ON LINE
Tel. 0351-428-3839
Sitio Web: www.ba.net

ARNET - TELECOM SOLUCIONES S.A.
Dirección: DEAN FUNES 501
Tel. 0351-428-0202
Sitio Web: www.arnet.com.ar

CIUDAD DIGITAL
Tel. 0351-428-8888
Sitio Web: www.ciudad.com.ar

NETLINE
Tel. 0351-4-747000
Sitio Web: www.netline.net.ar

ONE NETS.R.L.
Dirección: AV. COLON 525 PISO 6
Tel. 0800-888-1638 Fax: 0351-425-9482
Sitio Web: www.onenet.com.ar

POWERNET
Dirección: ALVEAR 40 7º A Y C
Tel. 0351-4257755
Sitio Web: www.powernet.com.ar

REIDEL - ARMAC
E-mail comercial: ventas@armac.com.ar
Dirección: MARCELO T DE ALVEAR 1234
Tel. 0351-463-0080
Sitio Web: www.armac.com.ar

SSDNET - INTERNET CENTER / SISCOTEL
E-mail comercial: info@ssdnet.com.ar
Sitio Web: www.ssdnet.com.ar

TECOM S.A.
Dirección: JUJUY 71 PB OF. 11
Tel. 0351-424-4848 Fax: 0351-424-4848
Sitio Web: www.tecomnet.com.ar

UNETE - ENI ARGENTINA
Tel. 4904-0730
Sitio Web: www.unete.com

Coronel Du Graty
COOP. CORONEL DU GRATY
E-mail comercial: soptec@dugraty.dataco29.com.ar
Dirección: LAVALLE 134
Tel. 03735-498401 Fax: 03735-498400
Sitio Web: www.dataco29.com.ar

Coronel Suarez
SSDNET - INTERNET CENTER / SISCOTEL
E-mail comercial: compucen@teletel.com.ar
Dirección: RIVADAVIA 235
Tel. 02926-43-1560
Sitio Web: www.ssdnet.com.ar

Corrientes
ADVANCE TELECOMUNICACIONES
E-mail comercial: cteslink@satlink.com
Dirección: SALTA 802
Tel. 03783-43-5932
Sitio Web: www.advance.com.ar

ARGENTINA ON LINE
Sitio Web: www.ba.net

ARNET - TELECOM SOLUCIONES S.A.
Dirección: SAN JUAN 760
Tel. 03783-42-7722
Sitio Web: www.arnet.com.ar

CIUDAD DIGITAL
Tel. 0-800-555-2483
Sitio Web: www.ciudad.com.ar

COMPUNORT NETWORK
E-mail comercial: info@compunort.com.ar
Dirección: LA RIOJA 918
Tel. 03783-420888/435946
Sitio Web: www.compunort.com.ar

ESPACIO INTERNET
Dirección: CARLOS PELLEGRINO 1230 LOCAL 2
Tel. 03783-436362/420076
Sitio Web: www.espacio.com.ar

UNETE - ENI ARGENTINA
Tel. 4904-0730
Sitio Web: www.unete.com

Curuzu Cuatia
SSDNET - INTERNET CENTER / SISCOTEL
Sitio Web: www.ssdnet.com.ar

Daireaux
SSDNET - INTERNET CENTER / SISCOTEL
Sitio Web: www.ssdnet.com.ar

Del Viso
COOP. TELEF. DEL VISO
E-mail comercial: info@coopdelviso.com.ar
Dirección: BERUTTI 1381
Tel. 02320-470300/470600 Fax: 02320-471500
Sitio Web: www.coopdelviso.com.ar

Dolores
FAIRWEB
E-mail comercial: info@fairweb.com.ar
Dirección: GAL. LIBRES DEL SUR LOCAL 7
Tel. 02245-440818 Fax: 02245-440818
Sitio Web: www.fairweb.com.ar

El Colorado
COOP. COLORADO
E-mail comercial: cooperativa@coopcolorado.com.ar
Dirección: AV. SAN MARTIN 823
Tel. 033717-4480021/4480329 Fax: 033717-4480400
Sitio Web: www.coopcolorado.com.ar

El Dorado
COOP. ELECT. EL DORADO
E-mail comercial: ceel@eldorado.dataco22.com.ar
Dirección: AV. SAN MARTIN "E" 1403
Tel. 03751-422478 Fax: 03751-422478
Sitio Web: eldorado.dataco22.com.ar

El Hoyo
COOP.SERV. PUBLICOS
E-mail comercial: costelho@red42.com.ar
Dirección: ISLAS MALVINAS Y LOS CIRUELOS
Tel. 02944-471501 Fax: 02944-471512
Sitio Web: www.Datacoop.com.ar

El Trebol
CANAL 2 CABLEVISION S.A.
E-mail comercial: canal2et@trebol.dataco16.com.ar
Dirección: RIO NEGRO 890
Tel. 03401-422169/421230/42 Comercial: 0608
Sitio Web: www.Datacoop.com.ar

Escobar
CIUDAD DIGITAL
Tel. 03488-423703
Sitio Web: www.ciudad.com.ar

DATAMARKETS NETWORK SERVICES
E-mail comercial: escobar@datamarkets.com.ar
Dirección: BELGRANO 741
Tel. 03488-421891
Sitio Web: www.datamarkets.com.ar

SSDNET - INTERNET CENTER / SISCOTEL
Sitio Web: www.ssdnet.com.ar

UNETE - ENI ARGENTINA
Tel. 4904-0730
Sitio Web: www.unete.com

Esquel
SSDNET - INTERNET CENTER / SISCOTEL
E-mail comercial: pmaster@teletel.com.ar
Dirección: RIVADAVIA 701
Tel. 02945-45-0521
Sitio Web: www.ssdnet.com.ar

Formosa
ADVANCE TELECOMUNICACIONES
E-mail comercial: lanave@satlink.com
Dirección: SAAVEDRA 536
Tel. 03717-42-9900
Sitio Web: www.advance.com.ar

ARGENTINA ON LINE
Sitio Web: www.ba.net

ARNET - TELECOM SOLUCIONES S.A.
Dirección: EVA PERON 810 LOC. 9
Tel. 03717-42-4999
Sitio Web: www.arnet.com.ar

UNETE - ENI ARGENTINA
Tel. 4904-0730
Sitio Web: www.unete.com

Servicios al lector

Freyre
COOP.SERV. PUBLICOS FREYRE
E-mail comercial: coopfrey@freyre.com.ar
Dirección: 25 DE MAYO 234
Tel. 03564-461007/102
Sitio Web: www.freyre.com.ar

General Acha
SSDNET - INTERNET CENTER / SISCOTEL
Sitio Web: www.ssdnet.com.ar

General Alvarado
ALVARNET S.R.L.
E-mail comercial: info@alvarnet.com.ar
Sitio Web: www.alvarnet.com.ar

General Alvear
RED LATINA EN INTERNET - SISTEMAS LATINOS
Sitio Web: www.slatinos.com.ar

General Pico
SSDNET - INTERNET CENTER / SISCOTEL
E-mail comercial: tecnoap@teletel.com.ar
Dirección: CALLE 17 NRO. 1334
Tel. 02302-43-6452
Sitio Web: www.ssdnet.com.ar

UNETE - ENI ARGENTINA
Tel. 4904-0730
Sitio Web: www.unete.com

General Roca
ARNET - TELECOM SOLUCIONES S.A.
Dirección: 9 DE JULIO 733
Tel. 02941-43-9388
Sitio Web: www.arnet.com.ar

COMPURED
Sitio Web: www.compured.com.ar

COMPUTLINE
Sitio Web: 209.13.127.130

UNETE - ENI ARGENTINA
Tel. 4904-0730
Sitio Web: www.unete.com

General Virasoro
SSDNET - INTERNET CENTER / SISCOTEL
E-mail comercial: virasoro@teletel.com.ar
Dirección: LAVALLE 712
Tel. 03756-48-1589
Sitio Web: www.ssdnet.com.ar

Gobernador Castro
COOP. TELEF. GOBERNADOR CASTRO
E-mail comercial: gobcastro@redsp.com.ar
Dirección: ARONI RAFFO 117
Tel. 03329-493257 Fax: 03329-493331
Sitio Web: www.redsp.com.ar

Goya
GOYANET
E-mail comercial: webmaster@goyanet.com.ar
Tel. 03777-432051 Fax: 03777-432051
Sitio Web: www.goyanet.com.ar

Granadero Baigorria
INGENIERIA STEEL
E-mail comercial: steel@steel.com.ar
Dirección: PUEYRREDON 868
Tel. 0341-4711242 Fax: 0341-4711242
Sitio Web: www.steel.com.ar

Gualeguaychu
ADVANCE TELECOMUNICACIONES
E-mail comercial: visionet@satlink.com
Dirección: MAIPU 76
Tel. 03446-43-5175
Sitio Web: www.advance.com.ar

ARGENTINA ON LINE ·
Sitio Web: www.ba.net

UNETE - ENI ARGENTINA
Tel. 4904-0730
Sitio Web: www.unete.com

Hernando
COOP. SERV. PUBLICOS HERNANDO
E-mail comercial: coopher@hernando.dataco24.com.ar
Dirección: 9 DE JULIO ESQ. LAVALLE
Tel. 03539-460188
Sitio Web: www.dataco24.com.ar

Hersilia
COOP. SERV. PUBLICOS DE HERSILIA
E-mail comercial: email@datacoop.com.ar
Dirección: R.S. PEÑA 375
Tel. 03491-494100
Sitio Web: www.Datacoop.com.ar

Huinca Renanco
UNETE - ENI ARGENTINA
Tel. 4904-0730
Sitio Web: www.unete.com

Humboldt
MUTUAL ESC. COMERCIAL CENTENARIO HUMBOLDT
E-mail comercial: mucen@humboldt.dataco35.com.ar
Dirección: 25 DE MAYO 1600
Tel. 03496-480300 Fax: 03496-480187
Sitio Web: www.dataco35.com.ar

Isla Verde
ISLA VERDE
E-mail comercial: email@datacoop.com.ar
Dirección: JUJUY ESQ. BS. AS.-MTE. MAIZ
Tel. 03468-471242
Sitio Web: www.datacoop.com.ar

Jesús María

ADVANCE TELECOMUNICACIONES
E-mail comercial: franz@satlink.com
Dirección: CASTULO PEÑA 517
Tel. 03525-42-2098
Sitio Web: www.advance.com.ar

ARGENTINA ON LINE
Sitio Web: www.ba.net

UNETE - ENI ARGENTINA
Tel. 4904-0730
Sitio Web: www.unete.com

Jose Carlos Paz

UNETE - ENI ARGENTINA
Tel. 4904-0730
Sitio Web: www.unete.com

Jujuy

ARNET - TELECOM SOLUCIONES S.A.
Dirección: GÜEMES 1057
Tel. 0388-423-4700
Sitio Web: www.arnet.com.ar

IMAGINE
Dirección: SENADOR PEREZ 574
Tel. 0388-422-9111
Sitio Web: www.imagine.com.ar

UNETE - ENI ARGENTINA
Tel. 4904-0730
Sitio Web: www.unete.com

Junin

ADVANCE TELECOMUNICACIONES
E-mail comercial: junin@satlink.com
Dirección: GRAL. PAZ 314
Tel. 02362-43-3130
Sitio Web: www.advance.com.ar

ARGENTINA ON LINE
Sitio Web: www.ba.net

IBERGAMO INTERNET
E-mail comercial: info@cibergamo.com
Dirección: SAAVEDRA Y ALEMANIA
Tel. 02362-445031

UNETE - ENI ARGENTINA
Tel. 4904-0730
Sitio Web: www.unete.com

La Plata

ADVANCE TELECOMUNICACIONES
E-mail comercial: laplata@cpsarg.com
Dirección: CALLE 42 NRO. 713
Tel. 0221-42-44641
Sitio Web: www.advance.com.ar

AMC
E-mail comercial: amc@amc.com.ar
Dirección: DIAGONAL 74 NRO. 1350
Tel. 0221-4275510
Sitio Web: www.amc.com.ar

ARGENTINA ON LINE
Tel. 0221-4256-080
Sitio Web: www.ba.net

ARNET - TELECOM SOLUCIONES S.A.
Dirección: CALLE 7 1057
Tel. 0221-423-1531
Sitio Web: www.arnet.com.ar

CADEMA LA PLATA
E-mail comercial: info@cadema.com
Sitio Web: www.cadema.com.ar

CESPI (UNIVERSIDAD NACIONAL DE LA PLATA)
E-mail comercial: www@unlp.unlp.edu.ar
Dirección: CALLE 50 Y 115 3ER. PISO
Tel. 0221-482-3179/483-5102
Sitio Web: www.unlp.edu.ar/cespi

CIUDAD DIGITAL
Tel. 0221-482-7568
Sitio Web: www.ciudad.com.ar

FEDERAL INTERNET
E-mail comercial: info@federal.com.ar
Dirección: CALLE 56 NRO. 1400
Tel. 0221-4516310/4523858
Sitio Web: www.federal.com.ar

INTERNET ARGENTINA
Dirección: CALLE 8 ESQ.15
Tel. 0221-4720269
Sitio Web: www.interar.com.ar

NETVERK
Dirección: CALLE 38 Nº 497 DTO. C
Tel. 0221-424-1049 Fax: 0221-424-1049
Sitio Web: www.netverk.com.ar

UNETE - ENI ARGENTINA
Tel. 4904-0730
Sitio Web: www.unete.com

La Quiaca

COOP. TELEF. LA QUIACA
E-mail comercial: cooptel@laquiaca.com.ar
Dirección: AV. ESPAÑA Y 25 DE MAYO
Tel. 03885-423000/422476 Fax: 03885-423166
Sitio Web: www.laquiaca.com.ar

La Rioja

ADVANCE TELECOMUNICACIONES
E-mail comercial: larioja@satlink.com
Dirección: AVDA. PTE. PERON 436
Tel. 03822-43-2029
Sitio Web: www.advance.com.ar

Servicios al lector

ARGENTINA ON LINE
Sitio Web: www.ba.net

ARNET - TELECOM SOLUCIONES S.A.
Dirección: 25 DE MAYO 311
Tel. 03822-42-0666
Sitio Web: www.arnet.com.ar

RIOJANET
Tel. 438300/434165
Sitio Web: www.riojanet.com.ar

UNETE - ENI ARGENTINA
Tel. 4904-0730
Sitio Web: www.unete.com

La Tordilla
LA TORDILLA
E-mail comercial: usuarios@latordilla.com.ar
Dirección: SAN MARTIN 824
Sitio Web: www.latordilla.com.ar

Las Parejas
TVI COMUNICACIONES
Dirección: CALLE 11 Nº 547
Tel. 03471-470427
Sitio Web: www.tvicom.com.ar

Las Varillas
COOP. ELECT. LAS VARILLAS
E-mail comercial: cooplvar@lasvarillas.com.ar
Dirección: 9 DE JULIO 148
Tel. 03533-422070/1
Sitio Web: www.lasvarillas.com.ar

Lopez Camelo
COTELNET (DE COTELCAM)
E-mail comercial: cotelnet@cotelcam.com.ar
Dirección: AV. HENRY FORD Y ALBARELLOS
Tel. 02327-450000 Fax: 02327-457500
Sitio Web: www.cotelcam.com.ar

Lujan
ADVANCE TELECOMUNICACIONES
E-mail comercial: lujan@cpsarg.com
Dirección: HUMBERTO PRIMO Y MITRE
Tel. 02323-43-4166
Sitio Web: www.advance.com.ar

SSDNET - INTERNET CENTER / SISCOTEL
E-mail comercial: netmania@teletel.com.ar
Tel. 02323-423357
Sitio Web: www.ssdnet.com.ar

UNETE - ENI ARGENTINA
Tel. 4904-0730
Sitio Web: www.unete.com

Malargüe
RED LATINA EN INTERNET - SISTEMAS LATINOS
Sitio Web: www.slatinos.com.ar

Mar de Ajo
ADVANCE TELECOMUNICACIONES
E-mail comercial: softmar@satlink.com
Dirección: H. YRIGOYEN 300
Tel. 02257-42-2275
Sitio Web: www.advance.com.ar

ARGENTINA ON LINE
Sitio Web: www.ba.net

UNETE - ENI ARGENTINA
Tel. 4904-0730
Sitio Web: www.unete.com

Mar del Plata
ADVANCE TELECOMUNICACIONES
E-mail comercial: mdplata@satlink.com
Dirección: AV. LURO 3071 PISO 13 OF. B
Tel. 0223-49-16249
Sitio Web: www.advance.com.ar

ARGENET
Dirección: SANTIAGO DEL ESTERO 2151 3ER. PISO OF. 303
Tel. 0223-491-8150/51/52 Fax: 0223-495-6506/493-373
Sitio Web: www.argenet.com.ar

ARGENTINA ON LINE
Sitio Web: www.ba.net

ARNET - TELECOM SOLUCIONES S.A.
Dirección: SANTA FE 1678
Tel. 0223-494-4144
Sitio Web: www.arnet.com.ar

CIUDAD DIGITAL
Tel. 0223-492-4907
Sitio Web: www.ciudad.com.ar

COPETEL INTERNET
E-mail comercial: ventas@copetel.com.ar
Dirección: AV. CONSTITUCION 5151
Tel. 0223-479-9292
Sitio Web: www.copetel.com.ar

CYBERTECH S.A.
E-mail comercial: info@cybertech.com.ar
Dirección: MORENO 2799
Tel. 0223-493-8002 Fax: 0223-493-8002
Sitio Web: www.cybertech.com.ar

SSDNET - INTERNET CENTER / SISCOTEL
E-mail comercial: info@ssdnet.com.ar
Sitio Web: www.ssdnet.com.ar

STATICS S.A.
Dirección: CASTELLI 2123
Tel. 0223-492-0154 Fax: 0223-492-0154 int. 37
Sitio Web: www.statics.com.ar

UNETE - ENI ARGENTINA
Tel. 4904-0730
Sitio Web: www.unete.com

UNIVERSIDAD DE MAR DEL PLATA
Dirección: FUNES 3250 2DO NIVEL
Tel. 0223-475-2728 Fax: 0223-492-1705
Sitio Web: www.mdp.edu.ar

Mar del Sur
ALVARNET S.R.L.
Sitio Web: www.alvarnet.com.ar

Mendoza
ADVANCE TELECOMUNICACIONES
E-mail comercial: quicknet@satlink.com
Dirección: AV. ESPAÑA 1057 3 PISO OF. 2
Tel. 0261-42-03855
Sitio Web: www.advance.com.ar

ARGENTINA ON LINE
Sitio Web: www.ba.net

ARNET - TELECOM SOLUCIONES S.A.
Dirección: AV. ESPAÑA 644
Tel. 0261-423-8384
Sitio Web: www.arnet.com.ar

CIUDAD DIGITAL
Tel. 0261-420-2250
Sitio Web: www.ciudad.com.ar

NETLINE
Tel. 0261-4204039
Sitio Web: www.netline.net.ar

RED LATINA EN INTERNET - SISTEMAS LATINOS
Dirección: FLORIDA 102
Tel. 0261-4321159
Sitio Web: www.slatinos.com.ar

SSDNET - INTERNET CENTER / SISCOTEL
E-mail comercial: mavistue@teletel.com.ar
Dirección: BELGRANO 182
Tel. 0261-420-0729
Sitio Web: www.ssdnet.com.ar

SUPERNET
E-mail comercial: comercial@supernet.com.ar
Sitio Web: www.supernet.com.ar

UNETE - ENI ARGENTINA
Tel. 4904-0730
Sitio Web: www.unete.com

Mercades
ADVANCE TELECOMUNICACIONES
E-mail comercial: mercedes@cpsarg.com
Dirección: CALLE 17 ESQUINA 30
Tel. 02324-43-1160
Sitio Web: www.advance.com.ar

ARGENTINA ON LINE
Sitio Web: www.ba.net

CENTRO ESTUDIOS INFORMATICOS MERCEDES
E-mail comercial: email@datacoop.com.ar
Dirección: BELGRANO 406
Tel. 02657-435602
Sitio Web: www.datacoop.com.ar

UNETE - ENI ARGENTINA
Tel. 4904-0730
Sitio Web: www.unete.com

Merlo
COOP. TELEF. MERLO
E-mail comercial: coopmerlo@merlo-sl.com.ar
Dirección: POETA AGÜERO 770
Tel. 02656-475109/475166 Fax: 02656-475800
Sitio Web: www.Dataco36.com.ar

UNETE - ENI ARGENTINA
Tel. 4904-0730
Sitio Web: www.unete.com

Miramar
ALVARNET S.R.L.
Sitio Web: www.alvarnet.com.ar

Monte Hermoso
COOP. PUBLICOS MONTE HERMOSO
E-mail comercial: email@datacoop.com.ar
Dirección: PEDRO DE MENDOZA 268
Tel. 02921-481082
Sitio Web: www.datacoop.com.ar

Morea
INTERCOOPS.H.
E-mail comercial: intercoop@morea.dataco23.com.ar
Dirección: DR. MURUAS/N
Tel. 02317-498155 Fax: 02317-498000
Sitio Web: www.dataco23.com.ar

Moreno
MORE.NET
Dirección: INDEPENDENCIA 2855 LOCAL 7
Sitio Web: www.more.net.ar

UNETE - ENI ARGENTINA
Tel. 4904-0730
Sitio Web: www.unete.com

Necochea
ADVANCE TELECOMUNICACIONES
E-mail comercial: admin@sudeste.com.ar
Dirección: CALLE 61 NRO. 2935 2º D
Tel. 02262-43-8005
Sitio Web: www.advance.com.ar

ARGENTINA ON LINE
Sitio Web: www.ba.net

Servicios al lector

SSDNET - INTERNET CENTER / SISCOTEL
E-mail comercial: artesano@teletel.com.ar
Dirección: CALLE 62 NRO. 3108
Tel. 02262-43-8228
Sitio Web: www.ssdnet.com.ar

UNETE - ENI ARGENTINA
Tel. 4904-0730
Sitio Web: www.unete.com

Neuquen
ADVANCE TELECOMUNICACIONES
E-mail comercial: cpsnqn@cpsarg.com
Dirección: ALBERDI 223. LOCAL.2
Tel. 0299-44-37884
Sitio Web: www.advance.com.ar

ARGENTINA ON LINE
Sitio Web: www.ba.net

ARNET - TELECOM SOLUCIONES S.A.
Dirección: MINISTRO GONZALEZ 290
Tel. 0299-449-0997
Sitio Web: www.arnet.com.ar

CALFNET - COOP. SERV. PUB Y COMUNIT. NEUQUEN
Dirección: MITRE 675 PISO 1
Tel. 0299-443-1725
Sitio Web: www.calfnet.com.ar

CIUDAD DIGITAL
Tel. 0299-443-6600
Sitio Web: www.ciudad.com.ar

FUNDAP - FUNDACION ANDINO PATAGONICA
Dirección: SANTA FE 118
Tel. 0299-448-4873/448-6667 Fax: 0299-448-4873
Sitio Web: www.dossier.com.ar

NEUQUEN ONLINE
Sitio Web: www.neuquen-online.com.ar

SSDNET - INTERNET CENTER / SISCOTEL
E-mail comercial: unijet@teletel.com.ar
Dirección: SANTA CRUZ 327
Tel. 0299-448-6511
Sitio Web: www.ssdnet.com.ar

UNETE - ENI ARGENTINA
Tel. 4904-0730
Sitio Web: www.unete.com

W3 NEUQUEN
E-mail comercial: info@neuquen.com.ar
Dirección: ALBERDI 254 3 PISO
Tel. 0299-448-5605 Fax: 0299-448-5605
Sitio Web: www.neuquen.com.ar

Obera
ARNET - TELECOM SOLUCIONES S.A.
Dirección: AV. SARMIENTO 963
Tel. 03755-427100
Sitio Web: www.arnet.com.ar

UNETE - ENI ARGENTINA
Tel. 4904-0730
Sitio Web: www.unete.com

Olavarria
ADVANCE TELECOMUNICACIONES
E-mail comercial: olavaria@satlink.com
Dirección: 25 DE MAYO 2972
Tel. 02284-44-5400
Sitio Web: www.advance.com.ar

ARGENTINA ON LINE
Sitio Web: www.ba.net

COOPENET
E-mail comercial: info@coopenet.com.ar
Sitio Web: www.coopenet.com.ar

UNETE - ENI ARGENTINA
Tel. 4904-0730
Sitio Web: www.unete.com

Olivos
ORGANIZACION DILHARD S.A.
E-mail comercial: info@dilhard.com.ar
Dirección: NICOLAS REPETTO 4270
Tel. 4717-4333 Fax: 4717-4605
Sitio Web: www.dilhard.com.ar

Oran
NETLINE
Tel. 03878-23777
Sitio Web: www.netline.net.ar

Oriente
SSDNET - INTERNET CENTER / SISCOTEL
Sitio Web: www.ssdnet.com.ar

Otamendi
ALVARNET S.R.L.
Sitio Web: www.alvarnet.com.ar

Palpala
COOP. TELEF. PALPALA - COOTEPAL
E-mail comercial: soptec@mail.cootepal.com.ar
Dirección: AV. SAN MARTIN 40
Tel. 03882-470555
Sitio Web: www.dataco39.com.ar

Paraná
ADVANCE TELECOMUNICACIONES
E-mail comercial: ltrumpet@satlink.com
Dirección: CORDOBA 419 PB.
Tel. 0343-43-19200
Sitio Web: www.advance.com.ar

ARGENTINA ON LINE
Sitio Web: www.ba.net

ARNET - TELECOM SOLUCIONES S.A.
Dirección: VICTORIA 144
Tel. 0343-431-8666
Sitio Web: www.arnet.com.ar

CIUDAD DIGITAL
Tel. 0343-423-1521
Sitio Web: www.ciudad.com.ar

GAMMA COMUNICACIONES
E-mail comercial: info@gamma.com.ar
Tel. 0343-4226777
Sitio Web: www.gamma.com.ar

SSDNET - INTERNET CENTER / SISCOTEL
E-mail comercial: ccl@ssdfe.com.ar
Dirección: MONTE CASEROS 450
Tel. 0343-4317970
Sitio Web: www.ssdnet.com.ar

UNETE - ENI ARGENTINA
Tel. 4904-0730
Sitio Web: www.unete.com

Pehuajo
SSDNET - INTERNET CENTER / SISCOTEL
E-mail comercial: pehuajo@teletel.com.ar
Dirección: RIVAROLA 284
Tel. 02396-47-4670
Sitio Web: www.ssdnet.com.ar

UNETE - ENI ARGENTINA
Tel. 4904-0730
Sitio Web: www.unete.com

Pergamino
ADVANCE TELECOMUNICACIONES
E-mail comercial: ctper@satlink.com
Dirección: M. UGARTE 1091 1º PISO
Tel. 02477-44-1664
Sitio Web: www.advance.com.ar

ARGENTINA ON LINE
Sitio Web: www.ba.net

MULTINET
E-mail comercial: multinet@multinetmo.com.ar
Dirección: GENERAL PINTOS 594
Tel. 02477-442113
Sitio Web: www.multinetmo.com.ar

SSDNET - INTERNET CENTER / SISCOTEL
E-mail comercial: teledato@ssdnet.com.ar
Dirección: SAN NICOLAS 674
Tel. 02477-43-6767
Sitio Web: www.ssdnet.com.ar

UNETE - ENI ARGENTINA
Tel. 4904-0730
Sitio Web: www.unete.com

Perico
JUJUY TEL - COOP. TELEF. DE PERICO
E-mail comercial: jujuytel@jujuytel.com.ar
Tel. 491-2125 /491-1124 Fax: 491-6124
Sitio Web: www.jujuytel.com.ar

Pigüe
SSDNET - INTERNET CENTER / SISCOTEL
Sitio Web: www.ssdnet.com.ar

SSDNET - INTERNET CENTER / SISCOTEL
E-mail comercial: info@ssdnet.com.ar
Sitio Web: www.ssdnet.com.ar

Pilar
ARNET – TELECOM SOLUCIONES S.A.
Dirección: SHOPPING TORRES DEL SOL LOC.10 KM 50 PANAM.
Tel. 02322-47-3437
Sitio Web: www.arnet.com.ar

CIUDAD DIGITAL
Tel. 02322-434100
Sitio Web: www.ciudad.com.ar

DATAMARKETS NETWORK SERVICES
E-mail comercial: pilar@datamarkets.com.ar
Dirección: CHACABUCO 519 PISO 1
Tel. 02322-434100
Sitio Web: www.datamarkets.com.ar

INTERNET ARGENTINA
Tel. 02322-434250
Sitio Web: www.interar.com.ar

SSDNET - INTERNET CENTER / SISCOTEL
Sitio Web: www.ssdnet.com.ar

UNETE - ENI ARGENTINA
Tel. 4904-0730
Sitio Web: www.unete.com

Pirane
COOP. INTEGRAL DE SERV. EL CHAJA
E-mail comercial: elchaja@pirane.dataco28.com.ar
Dirección: AV. 9 DE JULIO 345
Tel. 03717-461201/461100/46 Fax: 03717-461200
Sitio Web: www.dataco28.com.ar

Porteña
COOP. TELEF. EL HOYO
E-mail comercial: csppl@cspp.dataco34.com.ar
Dirección: AV. SIMON DANIELE 254
Tel. 03564-450000/1/2 Fax: 03564-450000
Sitio Web: www.dataco41.com.ar

Posadas
ADVANCE TELECOMUNICACIONES
E-mail comercial: posadas@cpsarg.com
Dirección: CORRIENTES 1512
Tel. 03752-43-2965
Sitio Web: www.advance.com.ar

ARGENTINA ON LINE
Sitio Web: www.ba.net

Servicios al lector

ARNET — TELECOM SOLUCIONES S.A.
Dirección: JUNIN 2550
Tel. 03752-42-9000
Sitio Web: www.arnet.com.ar

UNETE - ENI ARGENTINA
Tel. 4904-0730
Sitio Web: www.unete.com

Puerto Madryn
ADVANCE TELECOMUNICACIONES
E-mail comercial: servycom@cpsarg.com
Dirección: AV. FONTANA 455 PISO 1 OF.C
Tel. 02965-42-6826
Sitio Web: www.advance.com.ar

ARGENTINA ON LINE
Sitio Web: www.ba.net

ARNET — TELECOM SOLUCIONES S.A.
Dirección: MARCOS A. ZAR 125
Tel. 02965-47-3232/4488
Sitio Web: www.arnet.com.ar

UNETE - ENI ARGENTINA
Tel. 4904-0730
Sitio Web: www.unete.com

Puerto Rico
COOP. LUZ Y FUERZA DE LIB. GRAL. SAN MARTIN
E-mail comercial: cooplyf@prico.com.ar
Dirección: AV. CARLOS CULMEY Nº 122
Tel. 03743-420000/420277/42 Fax: 03743-420624
Sitio Web: www.datacoop.com.ar

Pujato
COOP. TELEF. CASILDA
E-mail comercial: pujato@casilda.datacop1.com.ar
Dirección: LISANDRO DE LA TORRE 335
Tel. 03464-494000 Fax: 03464-494666
Sitio Web: www.datacop1.com.ar/coopujato

Rafaela
ADVANCE TELECOMUNICACIONES
E-mail comercial: inforum@satlink.com
Dirección: AV. SANTA FE 1128
Tel. 03492-42-4265
Sitio Web: www.advance.com.ar

ARGENTINA ON LINE
Sitio Web: www.ba.net

ARNET — TELECOM SOLUCIONES S.A.
Dirección: ALVEAR 391
Tel. 03492-43-3094
Sitio Web: www.arnet.com.ar

UNETE - ENI ARGENTINA
Tel. 4904-0730
Sitio Web: www.unete.com

Rawson
ADVANCE TELECOMUNICACIONES
E-mail comercial: servycom@cpsarg.com
Dirección: AV. FONTANA 455 PISO 1 OF.C
Tel. 02965-42-6826
Sitio Web: www.advance.com.ar

ARGENTINA ON LINE
Sitio Web: www.ba.net

UNETE - ENI ARGENTINA
Tel. 4904-0730
Sitio Web: www.unete.com

Reconquista
ARNET — TELECOM SOLUCIONES S.A.
Dirección: MITRE 798
Tel. 03482-42-5252
Sitio Web: www.arnet.com.ar

TRCNET INTERNET
E-mail comercial: germang@trcnet.com.ar
Sitio Web: www.trcnet.com.ar

Resistencia
ADVANCE TELECOMUNICACIONES
E-mail comercial: reslink@satlink.com
Dirección: COLON 33
Tel. 03722-44-2409
Sitio Web: www.advance.com.ar

ARGENTINA ON LINE
Sitio Web: www.ba.net

ARNET — TELECOM SOLUCIONES S.A.
Dirección: J.B. JUSTO 66 ENT.
Tel. 03722-43-7110
Sitio Web: www.arnet.com.ar

CIUDAD DIGITAL - PRIMA
Tel. 0-800-555-2483
Sitio Web: www.ciudad.com.ar

UNETE - ENI ARGENTINA
Tel. 4904-0730
Sitio Web: www.unete.com

Rio Colorado
NEXONET
E-mail comercial: info@nexonet.com.ar
Tel. 02931-431133
Sitio Web: www.nexonet.com.ar

Rio Cuarto
ADVANCE TELECOMUNICACIONES
E-mail comercial: rioiv@satlink.com
Dirección: VELEZ SARFIELD 268
Tel. 0358-46-30400
Sitio Web: www.advance.com.ar

ARGENTINA ON LINE
Sitio Web: www.ba.net

ARNET — TELECOM SOLUCIONES S.A.
Dirección: PAUNERO 90
Tel. 0358-462-1145
Sitio Web: www.arnet.com.ar

UNETE - ENI ARGENTINA
Tel. 4904-0730
Sitio Web: www.unete.com

Rio Gallegos
ARGENTINA ON LINE
Sitio Web: www.ba.net

ARNET — TELECOM SOLUCIONES S.A.
E-mail comercial: comercial_rgl@arnet.com.ar
Dirección: FAGNANO 191
Tel. 02966-434975/430797
Sitio Web: www.arnet.com.ar

CIUDAD DIGITAL
Tel. 0-800-555-2483
Sitio Web: www.ciudad.com.ar

SSDNET - INTERNET CENTER / SISCOTEL
E-mail comercial: southern@internet.siscotel.com
Dirección: SAN MARTIN 2384
Tel. 02966-421312
Sitio Web: www.ssdnet.com.ar

UNETE - ENI ARGENTINA
Tel. 4904-0730
Sitio Web: www.unete.com

Rio Grande
ADVANCE TELECOMUNICACIONES
E-mail comercial: rgrande@satlink.com
Dirección: PERITO MORENO 519
Tel. 02964-42-6361
Sitio Web: www.advance.com.ar

ARGENTINA ON LINE
Sitio Web: www.ba.net

ARNET — TELECOM SOLUCIONES S.A.
Dirección: THORNE 795
Tel. 02964-42-500/6501/3194
Sitio Web: www.arnet.com.ar

CIUDAD DIGITAL
Tel. 0-800-555-2483
Sitio Web: www.ciudad.com.ar

NETCOM BBS
Dirección: ESPORA 567
Tel. 02964-425870 Fax: 02964-425870
Sitio Web: www.netcombbs.com.ar

UNETE - ENI ARGENTINA
Tel. 4904-0730
Sitio Web: www.unete.com

Rio Tercero
ARNET — TELECOM SOLUCIONES S.A.
Dirección: LIBERTAD 50
Tel. 03571-430380/430991
Sitio Web: www.arnet.com.ar

INTERCOM
E-mail comercial: intercom@itc.com.ar
Dirección: VELEZ SARSFIELD 157 2 PISO
Tel. 03571-427777 Fax: 03571-422462

Rio Turbio
COOP. OYIKIL
E-mail comercial: webmaster@oyikil.com.ar
Sitio Web: www.oyikil.com.ar

Rojas
SSDNET - INTERNET CENTER / SISCOTEL
E-mail comercial: eureka@ssdnet.com.ar
Dirección: PRESIDENTE PERON 368
Tel. 02475-465599
Sitio Web: www.ssdnet.com.ar

Rosario
ADVANCE TELECOMUNICACIONES
E-mail comercial: inforum@satlink.com
Dirección: MORENO 880
Tel. 0341-42-64402
Sitio Web: www.advance.com.ar

ARGENTINA ON LINE
Sitio Web: www.ba.net

ARNET — TELECOM SOLUCIONES S.A.
Dirección: CORRIENTES 740
Tel. 0341-421-7771
Sitio Web: www.arnet.com.ar

C.S.T.COMPANIA DESERVICIOS DE TELECOMUNIC.
Dirección: AV. PELLEGRINI 2079 8 B
Tel. 0341-481-9199 Fax: 0341-481-9199
Sitio Web: www.cst-ar.com

CITYNET
Dirección: CORRIENTES 840
Tel. 0341-447-0003 Fax: 0341-425-6303
Sitio Web: www.citynet.net.ar

CIUDAD DIGITAL
Tel. 0341-447-0003
Sitio Web: www.ciudad.com.ar

DATAMARKETS NETWORK SERVICES
E-mail comercial: rosario@datamarkets.com.ar
Dirección: CORRIENTES 840
Tel. 0341-4470003
Sitio Web: www.datamarkets.com.ar

EL FARO BBS
E-mail comercial: farobbs@faronet.com
Dirección: VERA MUJICA 741
Tel. 0341-4304663
Sitio Web: www.faronet.com

Servicios al lector

NETLINE
Tel. 0341-4373900
Sitio Web: www.netline.net.ar

OPENWARE
Dirección: SALTA 1354
Tel. 0341-4217645 Fax: 0341-4217645
Sitio Web: www.openware.com.ar

SSDNET - INTERNET CENTER / SISCOTEL
E-mail comercial: info@ssdnet.com.ar
Sitio Web: www.ssdnet.com.ar

TOWER INFORMATICA S.R.L..
Dirección: PTE. ROCA 1626
Tel. 0800-888-6937 Comercial: 0341-4260435
Sitio Web: www.tower.com.ar

TRANSDATOS
E-mail comercial: contacto@transdatos.com.ar
Dirección: CORDOBA 1452 - PALACIO MINETTI P. 11 Y 12
Tel. 0341-449-4767/448-3264
Sitio Web: www.transdatos.com.ar

UNETE - ENI ARGENTINA
Tel. 4904-0730
Sitio Web: www.unete.com

Rufino
COOP. ELECT. LA CESIRA LTDA
E-mail comercial: email@datacoop.com.ar
Dirección: BV. ESTE Y LAVALLE
Tel. 03382-491243
Sitio Web: www.Datacoop.com.ar

Saenz Peña
INTERNET BROWSERS S.R.L.
E-mail comercial: info@browser-S.R.L..com.ar
Dirección: PRINGLES 529
Tel. 0354-403732-4425200/42 Comercial: 2303
Sitio Web: www.browser-S.R.L..com.ar

Saladillo
CIUDAD DIGITAL
Tel. 02344-455333
Sitio Web: www.ciudad.com.ar

SSDNET - INTERNET CENTER / SISCOTEL
E-mail comercial: info@ssdnet.com.ar
Sitio Web: www.ssdnet.com.ar

Salta
ADVANCE TELECOMUNICACIONES
E-mail comercial: ciucs@cpsarg.com
Dirección: PELLEGRINI 782
Tel. 0387-42-32600
Sitio Web: www.advance.com.ar

ARGENTINA ON LINE
Sitio Web: www.ba.net

ARNET – TELECOM SOLUCIONES S.A.
Dirección: NUEVO NOA SHOPPING LOC. 57
Tel. 0387-431-2007
Sitio Web: www.arnet.com.ar

CIUDAD DIGITAL
Tel. 0-800-555-2483
Sitio Web: www.ciudad.com.ar

UNETE - ENI ARGENTINA
Tel. 4904-0730
Sitio Web: www.unete.com

San Antonio de Areco
NETLINE
Tel. 03326-456327
Sitio Web: www.netline.net.ar

San Carlos
RED LATINA EN INTERNET - SISTEMAS LATINOS
E-mail comercial: martin@slatinos.com.ar
Dirección: HIPOLITO YRIGOYEN 743
Tel. 02622-423131
Sitio Web: www.slatinos.com.ar

San Francisco
ARNET – TELECOM SOLUCIONES S.A.
Dirección: 25 DE MAYO 2064 LOC. 21 GALERIA BUCCO
Tel. 0356-44-3600/436044
Sitio Web: www.arnet.com.ar

SOLSOFT
E-mail comercial: internet@solsoft.com.ar
Dirección: ALBERDI 82
Tel. 03564-429511
Sitio Web: www.solsoft.com.ar

UNETE - ENI ARGENTINA
Tel. 4904-0730
Sitio Web: www.unete.com

San Genaro
COOP. TELEF. SAN GENARO
E-mail comercial: email@datacoop.com.ar
Dirección: LAVALLE 1718
Tel. 03401-448000
Sitio Web: www.Datacoop.com.ar

San Guillermo
COOP. SERV. PUBLICOS SAN GUILLERMO
E-mail comercial: cooptel@sguillermo.datacop3.com.ar
Dirección: AV. SAN MARTIN 52
Tel. 03562-466444 Fax: 03562-466888
Sitio Web: www.sanguillermo.com.ar

San Jose de la Esquina
INTERNET DEL INTERIOR
Dirección: MORENO 985
Tel. 03467-460606
Sitio Web: www.idi.com.ar

San Juan

ADVANCE TELECOMUNICACIONES
E-mail comercial: quicknet@satlink.com
Dirección: SARMIENTO 175 SUR
Tel. 0264-42-00796
Sitio Web: www.advance.com.ar

ARGENTINA ON LINE
Sitio Web: www.ba.net

ARNET – TELECOM SOLUCIONES S.A.
Dirección: AV. ESPAÑA 1300 SUR LOC.8
Tel. 0264-420-1463
Sitio Web: www.arnet.com.ar

CIUDAD DIGITAL - PRIMA
Tel. 0-800-555-2483
Sitio Web: www.ciudad.com.ar

SSDNET - INTERNET CENTER / SISCOTEL
E-mail comercial: info@ssdnet.com.ar
Sitio Web: www.ssdnet.com.ar

UNETE - ENI ARGENTINA
Tel. 4904-0730
Sitio Web: www.unete.com

San Luis

ARNET – TELECOM SOLUCIONES S.A.
Dirección: RIVADAVIA 955
Tel. 02652-43-7470
Sitio Web: www.arnet.com.ar

PCPOWER ONLINE
E-mail comercial: ventas@pcpower.com.ar
Dirección: SAN MARTIN 454
Tel. 02652-435940
Sitio Web: www.pcpower.com.ar

SSDNET - INTERNET CENTER / SISCOTEL
E-mail comercial: sanluis@teletel.com.ar
Dirección: PEDERNERA 1067
Tel. 02652-42-4300
Sitio Web: www.ssdnet.com.ar

UNETE - ENI ARGENTINA
Tel. 4904-0730
Sitio Web: www.unete.com

UNIVERSIDAD NACIONAL DE SAN LUIS
Sitio Web: www.unsl.edu.ar

San Martin de las Escobas

COOP. TELEF. SAN MARTIN DE LAS ESCOBAS
E-mail comercial: smartin@sme.dataco30.com.ar
Dirección: GÜEMES 930
Tel. 03406-498289/498200 Fax: 03406-498580
Sitio Web: www.dataco30.com.ar

San Martin de los Andes

COOP. SERV. PUBLICOS SAN MARTIN DE LOS ANDES
E-mail comercial: cooperativa@smandes.datacop8.com.ar
Dirección: CAP. DRURY 761
Tel. 02972-427000 Fax: 02972-427330
Sitio Web: www.datacoop.com.ar

San Miguel del Monte

UNETE - ENI ARGENTINA
Tel. 4904-0730
Sitio Web: www.unete.com

San Nicolas

ADVANCE TELECOMUNICACIONES
E-mail comercial: quicktsn@satlink.com
Dirección: 9 DE JULIO 77
Tel. 03461-43-5070
Sitio Web: www.advance.com.ar

ARGENTINA ON LINE
Sitio Web: www.ba.net

ARNET – TELECOM SOLUCIONES S.A.
Dirección: ALMAFUERTE 16 LOCAL 26
Tel. 03461-45-0808
Sitio Web: www.arnet.com.ar

CABLENET
Tel. 03461-428995 Fax: 03461-470100
Sitio Web: www.cablenet.com.ar

TELECOMUNICACION INTERCOMP S.A.
Dirección: DE LA NACION 326 LOCAL 4
Tel. 03461-434141 Fax: 03461-434141
Sitio Web: www.intercom.com.ar

UNETE - ENI ARGENTINA
Tel. 4904-0730
Sitio Web: www.unete.com

San Pedro

GREEN NET
E-mail comercial: greennet@sanpredro.com.ar
Tel. 03329-421902
Sitio Web: www.greennet.com.ar

UNETE - ENI ARGENTINA
Tel. 4904-0730
Sitio Web: www.unete.com

San Rafael

ADVANCE TELECOMUNICACIONES
E-mail comercial: deboni@satlink.com
Dirección: ALEM 45
Tel. 02627-43-4888
Sitio Web: www.advance.com.ar

ARGENTINA ON LINE
Sitio Web: www.ba.net

Servicios al lector

RED LATINA EN INTERNET - SISTEMAS LATINOS
E-mail comercial: lpatruno@slatinos.com.ar
Dirección: BUENOS AIRES 60
Tel. 02627-428991
Sitio Web: www.slatinos.com.ar

UNETE - ENI ARGENTINA
Tel. 4904-0730
Sitio Web: www.unete.com

San Vicente
COOP. TELEF. SAN VICENTE
E-mail comercial: svicente@dataco15.com.ar
Dirección: INDEPENDENCIA 155
Tel. 03492-470555
Sitio Web: www.datacoop.com.ar

ADVANCE TELECOMUNICACIONES
E-mail comercial: santafe@tvnetsa.com.ar
Dirección: SAN MARTIN 3024
Tel. 0342-45-63365
Sitio Web: www.advance.com.ar

Santa Fe
ARGENTINA ON LINE
Sitio Web: www.ba.net

ARNET – TELECOM SOLUCIONES S.A.
Dirección: CRESPO 2961 PB
Tel. 0342-452-2474
Sitio Web: www.arnet.com.ar

B&RSISTEMAS S.R.L.
Dirección: LOS PLATANOS 558
Tel. 0341-4540408 Fax: 0341-4540408
Sitio Web: 200.26.82.2/brsis/index.html

CIUDAD DIGITAL
Tel. 0342-452-6057
Sitio Web: www.ciudad.com.ar

INTERNET SANTA FE S.R.L.
Dirección: CRESPO 2961 DEPTO 1
Tel. 0342-4522474/4520445 Fax: 0342-4562098
Sitio Web: www.santafe.com.ar

SSDNET - INTERNET CENTER / SISCOTEL
E-mail comercial: info@ssdfe.com.ar
Dirección: LOTE 2 PARQ. INDUST.SAUCE VIEJO
Tel. 0342-4995612/ 3
Sitio Web: www.ssdnet.com.ar

UNETE - ENI ARGENTINA
Tel. 4904-0730
Sitio Web: www.unete.com

Santa Maria
COOP. TELEF. SANTA MARIA
E-mail comercial: email@datacoop.com.ar
Dirección: BELGRANO 103
Tel. 03838-420398
Sitio Web: www.datacoop.com.ar

Santa Rosa
ADVANCE TELECOMUNICACIONES
E-mail comercial: unicom@cpsarg.com
Dirección: HILARIO LAGOS 127
Tel. 02954-43-7692
Sitio Web: www.advance.com.ar

ARGENTINA ON LINE
Sitio Web: www.ba.net

ARNET – TELECOM SOLUCIONES S.A.
Dirección: AVELLANEDA 34
Tel. 02954-42-4420
Sitio Web: www.arnet.com.ar

SSDNET - INTERNET CENTER / SISCOTEL
E-mail comercial: datanet@ssdnet.com.ar
Dirección: CORONEL GIL 265
Tel. 02954-432553
Sitio Web: www.ssdnet.com.ar

UNETE - ENI ARGENTINA
Tel. 4904-0730
Sitio Web: www.unete.com

Santa Rosa del Rio 1ero.
COOP. ELECT. DE V.STA. ROSA LTDA
E-mail comercial: email@datacoop.com.ar
Dirección: 9 DE JULIO 458
Tel. 03574-480259
Sitio Web: www.dataco32.com.ar

Santiago del Estero
ARGENTINA ON LINE
Sitio Web: www.ba.net

ARNET – TELECOM SOLUCIONES S.A.
Dirección: BUENOS AIRES 18
Tel. 0385-422-7338
Sitio Web: www.arnet.com.ar

CIUDAD DIGITAL
Tel. 0-800-555-2483
Sitio Web: www.ciudad.com.ar

SSDNET - INTERNET CENTER / SISCOTEL
E-mail comercial: ocacomp@teletel.com.ar
Dirección: AVELLANEDA 252
Tel. 0385-421-5894
Sitio Web: www.ssdnet.com.ar

UNETE - ENI ARGENTINA
Tel. 4904-0730
Sitio Web: www.unete.com

Santo Tome
SSDNET - INTERNET CENTER / SISCOTEL
Sitio Web: www.ssdnet.com.ar

Suardi
COOP. TELEF. SUARDI
E-mail comercial: telsuar@suardi.datacop2.com.ar
Dirección: MARIANO MORENO 272
Tel. 03562-477371 Fax: 03562-477371
Sitio Web: www.datacop2.com.ar

Sunchales
INTERCLASS
E-mail comercial: soptec@interclass.com.ar
Dirección: MITRE 19
Tel. 03493-425555
Sitio Web: www.interclass.com.ar

Tancacha
COOP. SERV. PUBLICOS TANCACHA
E-mail comercial: cosp@dat13.com.ar
Dirección: LEANDRO N. ALEM 532
Tel. 03571-460199/460299 Fax: 03571-460599
Sitio Web: www.dataco13.com.ar

Tandil
ADVANCE TELECOMUNICACIONES
E-mail comercial: intandil@satlink.com
Dirección: SAN MARTIN 854
Tel. 02293-44-7048
Sitio Web: www.advance.com.ar

ARGENTINA ON LINE
Sitio Web: www.ba.net

ARNET — TELECOM SOLUCIONES S.A.
Dirección: SARMIENTO 509
Tel. 02293-42-6444
Sitio Web: www.arnet.com.ar

NEXUSS.R.L.
Tel. 02293-447019
Sitio Web: www.necsus.com.ar

UNETE - ENI ARGENTINA
Tel. 4904-0730
Sitio Web: www.unete.com

Tanti
COOP. TELEF. DE TANTI
E-mail comercial: email@datacoop.com.ar
Dirección: BELGRANO 81
Tel. 03541-498108
Sitio Web: www.datacoop.com.ar

Tartagal
FULLNET
E-mail comercial: info@fullnet.com.ar
Dirección: PARAGUAY 179
Tel. 03875-423746
Sitio Web: www.fullnet.com.ar

Tilisarao
COOP. TELEF. TILISARAO
E-mail comercial: cooptel@tilisarao.dataco17.com.ar
Dirección: SAN MARTIN 836
Tel. 02656-420200/420243 Fax: 02656-420697/420698
Sitio Web: www.datacoop.com.ar

Tornquist
SSDNET - INTERNET CENTER / SISCOTEL
E-mail comercial: celt@teletel.com.ar
Dirección: MORENO 53
Tel. 0291-494-1001
Sitio Web: www.ssdnet.com.ar

Tortuguitas
CIUDAD DIGITAL
Tel. 02320-491111
Sitio Web: www.ciudad.com.ar

Tostado
COOP. TELEF. TOSTADO
E-mail comercial: cooperativa@tostado.com.ar
Dirección: SARMIENTO 1122
Tel. 03491-470333 Fax: 03491-470110
Sitio Web: www.tostado.com.ar

Trelew
ADVANCE TELECOMUNICACIONES
E-mail comercial: servycom@cpsarg.com
Dirección: AV. FONTANA 455 PISO 1 OF. C
Tel. 02965-42-6826
Sitio Web: www.advance.com.ar

ARGENTINA ON LINE
Sitio Web: www.ba.net

ARNET — TELECOM SOLUCIONES S.A.
Dirección: MITRE 417 LOCAL 3
Tel. 02965-43-1100
Sitio Web: www.arnet.com.ar

SSDNET - INTERNET CENTER / SISCOTEL
E-mail comercial: compunet@internet.siscotel.com
Dirección: AV. FONTANA 475
Tel. 02965-428532
Sitio Web: www.ssdnet.com.ar

UNETE - ENI ARGENTINA
Tel. 4904-0730
Sitio Web: www.unete.com

Trenque Lauquen
SSDNET - INTERNET CENTER / SISCOTEL
E-mail comercial: timon@teletel.com.ar
Dirección: ALEM 120
Tel. 02392-43-2388
Sitio Web: www.ssdnet.com.ar

Servicios al lector

Tres Algarrobos
COOP. ELECT. TRES ALGARROBOS
E-mail comercial: email@datacoop.com.ar
Dirección: BELGRANO 335
Tel. 02388-492040
Sitio Web: www.datacoop.com.ar

Tres Arroyos
3NET
Dirección: CHACABUCO 100
Tel. 02983-420903 Fax: 02983-402043
Sitio Web: www.3net.com.ar

SSDNET - INTERNET CENTER / SISCOTEL
Sitio Web: www.ssdnet.com.ar

UNETE - ENI ARGENTINA
Tel. 4904-0730
Sitio Web: www.unete.com

Tucuman
ADVANCE TELECOMUNICACIONES
E-mail comercial: satltuc@satlink.com
Dirección: RIVADAVIA 253 LOCAL 2
Tel. 0381-42-23000
Sitio Web: www.advance.com.ar

ARGENTINA ON LINE
Sitio Web: www.ba.net

ARNET – TELECOM SOLUCIONES S.A.
Dirección: SAN JUAN 911
Tel. 0381-422-3053
Sitio Web: www.arnet.com.ar

CIUDAD DIGITAL
Tel. 0381-422-9013
Sitio Web: www.ciudad.com.ar

SSDNET - INTERNET CENTER / SISCOTEL
E-mail comercial: info@ssdnet.com.ar
Sitio Web: www.ssdnet.com.ar

TUCUMAN BBS S.R.L.
Dirección: 25 DE MAYO 312
Tel. 0381-4311960 Fax: 0381-4311960
Sitio Web: www.tucbbs.com.ar

UNETE - ENI ARGENTINA
Tel. 4904-0730
Sitio Web: www.unete.com

Ushuaia
ADVANCE TELECOMUNICACIONES
E-mail comercial: ushuaia@satlink.com
Dirección: MAGALLANES 1994
Tel. 02901-43-6163
Sitio Web: www.advance.com.ar

ARGENTINA ON LINE
Sitio Web: www.ba.net

ARNET – TELECOM SOLUCIONES S.A.
Dirección: RIVADAVIA 163
Tel. 02901-43-2271
Sitio Web: www.arnet.com.ar

CIUDAD DIGITAL
Tel. 0-800-555-2483
Sitio Web: www.ciudad.com.ar

UNETE - ENI ARGENTINA
Tel. 4904-0730
Sitio Web: www.unete.com

Venado Tuerto
ARNET – TELECOM SOLUCIONES S.A.
Dirección: PELLEGRINI 787
Tel. 03462-42-3526
Sitio Web: www.arnet.com.ar

ENREDES
E-mail comercial: enredes@enredes.com.ar
Dirección: MITRE 646
Tel. 03462-434555 Fax: 03462-434555
Sitio Web: www.enredes.com.ar

UNETE - ENI ARGENTINA
Tel. 4904-0730
Sitio Web: www.unete.com

WAYCOM S.R.L.
Dirección: HIPOLITO YRIGOYEN 1392
Tel. 03462-433313
Sitio Web: www.waycom.com.ar

Victoria
SSDNET - INTERNET CENTER / SISCOTEL
E-mail comercial: insumos@teletel.com.ar
Dirección: BARTOLONI 461
Tel. 03436-42-3105
Sitio Web: www.ssdnet.com.ar

Viedma
ARNET – TELECOM SOLUCIONES S.A.
Dirección: ALVARO BARROS 266
Tel. 02920-43-1616/42-6626
Sitio Web: www.arnet.com.ar

INTERNET IMPSAT
E-mail comercial: info@rnonline.com.ar
Dirección: ALEM 74
Tel. 02920-426698
Sitio Web: www.internet.impsat.com.ar

UNETE - ENI ARGENTINA
Tel. 4904-0730
Sitio Web: www.unete.com

Villa A. Fortabal
COOP. VILLA FORTABAT
Dirección: INMIGRANTES 1426
Tel. 02284-493600 Fax: 02284-493199
Sitio Web: www.vaf.com.ar

Villa Angela
INTERNET VILLA ANGELA
E-mail comercial: web@vangela.com.ar
Dirección: 25 DE MAYO 555
Tel. 03735-429990
Sitio Web: www.vangela.com.ar

Villa Carlos Paz
UNETE - ENI ARGENTINA
Tel. 4904-0730
Sitio Web: www.unete.com

Villa Constitucion
ADVANCE TELECOMUNICACIONES
E-mail comercial: quicktvc@satlink.com
Dirección: DORREGO 1030
Tel. 03400-47-3132
Sitio Web: www.advance.com.ar

ARGENTINA ON LINE
Sitio Web: www.ba.net

Villa Gesell
COOP. TELEF. VILLA GESELL
E-mail comercial: comercial@cotel.com.ar
Dirección: AV. 3 Y PASEO 113
Tel. 02255-46-1600
Sitio Web: www.cotel.com.ar

Villa Gob. Galvez
COOP. VILLA GOBERNADOR GALVEZ
Tel. 0341-4924500
Sitio Web: www.coopvgg.com.ar

SSDNET - INTERNET CENTER / SISCOTEL
E-mail comercial: pruebaga@galvez.com.ar
Dirección: BELGRANO 854
Tel. 03404-482756
Sitio Web: www.ssdnet.com.ar

Villa Maria
ADVANCE TELECOMUNICACIONES
E-mail comercialst-vm@satlink.com
Dirección: ENTRE RIOS 1394
Tel. 0353-45-31363
Sitio Web: www.advance.com.ar

ARGENTINA ON LINE
Sitio Web: www.ba.net

ARNET — TELECOM SOLUCIONES S.A.
Dirección: ENTRE RIOS 1269
Tel. 0353-453-1551
Sitio Web: www.arnet.com.ar

UNETE - ENI ARGENTINA
Tel. 4904-0730
Sitio Web: www.unete.com

Villa Mercedes
UNETE - ENI ARGENTINA
Tel. 4904-0730
Sitio Web: www.unete.com

Villa Ocampo
COTELVO - COOP. VILLA OCAMPO
E-mail comercial: cotelvo@vocampo.com.ar
Dirección: BELGRANO 1268
Tel. 03482-466336/466337 Fax: 03482-468000
Sitio Web: www.vocampo.com.ar

Villaguay
CLAVIS INTERNET
E-mail comercial: slorenzatto@clavis1.clavis.com.ar
Dirección: MITRE 681
Tel. 03455-423535
Sitio Web: www.clavis.com.ar

Zarate
DELTA
E-mail comercial: delta@delta.com.ar
Dirección: INDEPENDENCIA 786
Tel. 03487-432211
Sitio Web: www.delta.com.ar

SSDNET - INTERNET CENTER / SISCOTEL
E-mail comercial: info@delta.com.ar
Dirección: INDEPENDENCIA 786
Tel. 03487-43-2211
Sitio Web: www.ssdnet.com.ar

UNETE - ENI ARGENTINA
Tel. 4904-0730
Sitio Web: www.unete.com

Esta lista fue suministrada por Roxana Bassi, conocida consultora en temas de Internet de nuestro país. La misma cambia diariamente y su versión actualizada la puede conseguir enviando un mail a: lista@arda.com.ar.

Existe, como complemento, un informe sobre Internet comercial en Argentina y su evolución en los últimos tres años con datos, estadísticas, precios, evolución, bibliografía y recursos. Puede pedirlo con un mail en blanco a **reporte@arda.com.ar** u obtenerlo directamente bajándolo de **ftp://ftp.gaiasur.com.ar/pub/reportes/internet-argentina.exe.**

Por favor envíe correcciones o sugerencias a :
Roxana Bassi **rox@arda.com.ar**
http://planeta.gaiasur.com.ar

Servicios al lector

ÍNDICE ALFABÉTICO

Servicios al lector

www.bookshow.com.ar

Visite nuestro sitio web

En nuestro sitio web podrá obtener información
más detallada sobre los libros de nuestro catálogo,
conseguir buenos descuentos y recibir los ejemplares en
su domicilio sin gastos de envío en todo el territorio de la
Argentina. También puede conseguir nuestros libros en
kioscos, librerías, cadenas comerciales, supermercados
y casas de computación de todo el país.

Sobre la editorial

MP Ediciones S.A. es una editorial argentina especializada
en temas de tecnología (Computación, IT, Telecomunicaciones). Entre
nuestros productos encontrará: revistas, libros, fascículos, CD-ROMs, sitios en Internet y eventos. Nuestras principales marcas son: PC Users,
PC Juegos, Insider, Aprendiendo PC y COMPUMAGAZINE. Si desea más
información, puede contactarnos de las siguientes maneras:
■ **Web:** www.mp.com.ar ■ **E-mail:** libros@mponline.com.ar
■ **Correo:** Moreno 2062 - 1094 Capital Federal ■ **Fax:** (011) 4954-1791
■ **Teléfono:** (011) 4954-1884 int. 131.

Guía rápida de Internet Explorer 5
$13,90

La más completa y actualizada, con trucos no documentados y todas las ventajas que hacen de nuestros libros de computación los mejores del mercado. En el **CD-ROM**: la versión completa en español de IE5, Outlook 98, FrontPage 98, Dream Weaver 2 y más de 50 programas para Internet.
COLECCIÓN: PC USERS EXPRESS

111 preguntas sobre Correo Electrónico
$13,90

No nos quedamos atrás y seguimos indagando sobre lo que la gente quiere saber acerca del uso del correo electrónico. Gracias a los lectores de PC Users, todas las respuestas a las preguntas más frecuentes están en este libro.
COLECCIÓN: PC USERS RESPONDE

Cómo buscar en Internet
$9,90

¿Navega durante horas y no saca nada en limpio? Internet es una selva desmesurada de información, y con este libro podrá conocer a fondo sus secretos.
COLECCIÓN: PC USERS EXPRESS

La Biblia de Internet
$19,90

Contesta las preguntas más comunes de la gente al enfrentarse a Internet. Todos los servicios, qué se puede hacer y cómo lograrlo.
   CD-ROM: con 10 horas gratis de Internet y todos los programas necesarios.
COLECCIÓN: PC USERS

1500 fuentes para la PC
$13,90

Las mejores tipografías organizadas en familias para que encuentre con rapidez el estilo de su trabajo.
CD-ROM: los programas más adecuados para el manejo, administración, visualización y edición de fuentes tipográficas.
COLECCIÓN: PC USERS EN CD

Office 2000
$19,90

Con un nuevo diseño, novedosos servicios al lector y el más completo CD-ROM con la actualización de Windows 98 Second Edition, más de cien videos explicativos y 50 jugosos programas. El mejor libro para los que recién empiezan y para los usuarios de Office que desean estar actualizados.
COLECCIÓN: PC USERS MANUALES

Curso práctico de Word
$13,90

El curso más completo, práctico y explicado paso a paso. Diseñado para que todo usuario novato domine a la perfección, y en tan sólo 10 horas, las herramientas de Word. Manejo de archivos, cómo editar y presentar un trabajo, tablas, columnas y mucho más.
COLECCIÓN: APRENDIENDO PC

Curso avanzado de Word
$13,90

Un curso pensado para que, fácilmente y en sólo 10 horas, se obtengan los conocimientos de un experto en el manejo de imágenes, mailings, creación de páginas web, uso de macros y elaboración de tablas de contenido. Incluye todo lo nuevo de Word 2000.
COLECCIÓN: APRENDIENDO PC

Excel 2000 para PyMEs
$13,90

Un desarrollo de Excel en el ámbito empresarial que no encontrará en otro libro. Desde los conceptos hasta las mejores aplicaciones de cada herramienta para sacar mayor provecho de sus datos, controlar el acceso a la información, manejar las funciones específicas y mucho más.
COLECCIÓN: PYMES

Guía 2000 de carreras informáticas
$13,90

Nueva edición 2000, actualizada y ampliada. Con toda la información sobre los planes de estudio de cada carrera, becas, pasantías, los mejores secretos para buscar trabajo y un completo informe de más de cincuenta selectoras de personal.
COLECCIÓN: PC USERS

110 preguntas sobre Windows 98

$13,90

Una colección escrita por los especialistas de la revista PC Users que contestan las preguntas de los lectores. Las dudas más frecuentes (conocidas en Internet como FAQs, *Frequently Asked Questions*) y las respuestas explicadas de manera práctica y precisa.

COLECCIÓN: PC USERS RESPONDE

Curso práctico de computación

$19,90

Un completísimo curso diseñado para aprender en tiempo récord todo lo que hay que saber para ser un experto usuario de la PC. Toda la información para los que recién empiezan y para quienes quieren perfeccionar sus conocimientos.

COLECCIÓN: APRENDIENDO PC

1500 sonidos para la PC

$13,90

Más de 1500 sonidos en formato WAV para personalizar la PC; hacer presentaciones multimedia, efectos especiales y programas de radio; sorprender a los amigos por e-mail y mucho más. También, los últimos programas de edición y los 25 sitios top de la Web.

COLECCIÓN: PC USERS EN CD

115 preguntas avanzadas sobre Windows 98

$13,90

Luego del éxito del primer volumen, Ricardo Goldberger contesta con precisión y en profundidad las dudas de los usuarios experimentados de Windows 98. Con secretos avanzados, Internet Explorer 5, multimedia, conexión a Internet y mucho más.

COLECCIÓN: PC USERS RESPONDE

Guía de funciones de Excel (volumen 1)

$13,90

Claudio Sánchez, el especialista en Excel, explica una por una las 327 funciones de Excel, en sólo 2 volúmenes. En esta primera entrega, las funciones financieras, de fecha y hora, matemáticas y para bases de datos.

COLECCIÓN: PC USERS EXPRESS

Guía de funciones de Excel (volumen 2)

$13,90

El segundo volumen de esta valiosa obra, que los usuarios del programa estaban esperando, incluye todas las novedades de la nueva versión Excel 2000. Además, el desarrollo de las funciones de información, de ingeniería, lógicas, estadísticas y de manejo de textos.

COLECCIÓN: PC USERS EXPRESS